大学生家国情怀培育的价值意蕴与路径探究

刘倩倩　著

延边大学出版社

图书在版编目（CIP）数据

大学生家国情怀培育的价值意蕴与路径探究 / 刘倩
倩著. -- 延吉：延边大学出版社，2020.12
ISBN 978-7-230-00560-9

Ⅰ. ①大… Ⅱ. ①刘… Ⅲ. ①爱国主义教育－教学研
究－高等学校 Ⅳ. ①G641.4

中国版本图书馆 CIP 数据核字(2020)第 254668 号

大学生家国情怀培育的价值意蕴与路径探究

著　　者：刘倩倩
责任编辑：王志伟
封面设计：延大兴业
出版发行：延边大学出版社
社　　址：吉林省延吉市公园路 977 号　　邮　　编：133002
网　　址：http://www.ydcbs.com　　　E-mail：ydcbs@ydcbs.com
电　　话：0433-2732435　　　　　　传　　真：0433-2732434
制　　作：山东延大兴业文化传媒有限责任公司
印　　刷：延边延大兴业数码印务有限责任公司
开　　本：787×1092　1/16
印　　张：9
字　　数：120 千字
版　　次：2022 年 3 月 第 1 版
印　　次：2022 年 3 月 第 1 次印刷
书　　号：ISBN 978-7-230-00560-9

定价：40.00 元

作者简介

刘倩倩,女,毕业于华中师范大学,硕士研究生,现就职于重庆人文科技学院马克思主义学院,讲师,主要从事"毛泽东思想和中国特色社会理论体系概论""思想道德修养与法律基础"等课程的教学和研究。

前　言

　　家是国的基础，国是家的延伸。家国情怀是对家乡的依恋、对国家的高度认同感和责任感的体现。当代大学生是国家的未来和民族的希望，应当具有深厚的家国情怀。对此，要将家国情怀融入思想政治教育，加强实践教学力度，鼓励大学生在国家快速发展的形势下寻找人生价值，将个人理想与国家和民族的理想相结合，汇聚同心筑梦的强大力量。当代大学生既生逢其时，也重任在肩，成长于百舸争流的奋进时代，肩负着民族复兴的历史重任，需要从家国情怀中汲取精神养分。要形成学校、家庭、社会三位一体的教育体系，以爱国主义提升政治认同、以家校联动提升教育效果、以网络平台拓宽教育路径，培育大学生的家国情怀。

　　家国情怀是一个人对国家和人民所表现出来的深情大爱，是对国家的一种高度认同感、归属感、责任感和使命感，是实现中华民族伟大复兴的中国梦的强大精神动力。大学生的价值取向决定了未来整个社会的价值取向，而大学生又处在价值观形成和确立的时期，抓好这一时期的价值观培育工作十分重要。大学生是社会主义事业的接班人和建设者，加强大学生的家国情怀培育具有重要的时代价值和意义。

　　教师在大学生家国情怀的培育工作中扮演着重要角色，肩负着培养时代新人的重大使命。教师的品德、修养是培育家国情怀的重要土壤。教师自身的德行、品行、价值观会外化为自身的言行，直接或间接地影响学生，潜移默化地渗透到学生的思想觉悟、道德品质、价值观及行为习惯的形成过程中。每一位教师都应该积极践行社会主义核心价值观、坚定中国特色社会主义理想信念，以正确的家国观、强烈的社会责任感、历史使命感和担当意识来教育学生、感染学生，为学生提供正确的道德示范，努力成为学生的榜样。

目　录

第一章　新时代大学生家国情怀培育的现状

第一节　家国情怀的内涵及大学生家国情怀培育存在的问题

一、家国情怀的内涵

中国人具有这样的一种集体意识：人在家中，家在国里，化家成国，家国一体。中国以家庭为中心的社会生产模式衍生出了一套完整的思维方式与道德价值体系——家国情怀，既包含"舍己为家"和"保家卫国"这种家国同构的社会传统，又包括"修身、齐家、治国、平天下"这种把个人追求与社会目标统一起来的儒家思想。在这种家国一体的心理结构下，过去儒家学说中对君子提出的社会道德要求，变成了当今社会中每一个人都应有的责任担当意识。家国同构在家国情怀中占有重要地位，是家国情怀形成的基础。家国同构强调将个人、家庭和国家有机结合起来，从"修身"到"齐家"再到"治国""平天下"。其中，家庭是个人成长的物质和精神保障，国家是放大了的家庭。个体正是在与家庭、国家的紧密联系和不断换位思考中，逐渐增强了责任担当意识，并将其体现在个人的日常生活中。

二、大学生家国情怀培育存在的问题

纵观当前大学生家国情怀培育工作现状，国内各高校已经开设了有关中华优秀传统文化的系列课程，家国情怀教育已经融入高校思想政治教育的体系中。

大学生家国情怀培育是新时代高校思想政治教育的重要内容，也是新的时代背景下加强中华优秀传统文化学习的必然要求。当前，大学生家国情怀培育的效果不太理想，其面临的问题主要有以下几个方面：

（一）大学生家国情怀培育的理念有待深化

《辞海》中对"理念"这一词语的释义有两点：一是思想、看法、思维活动的结果；二是观点、观念、理论，通常指思想。大学生家国情怀培育的理念是指大学生家国情怀培育的主体在家国情怀培育的具体实践中形成的对家国情怀的一系列理性认识，包括大学生家国情怀培育的观念、原则和目标等内容。

1．大学生家国情怀培育的主体性理念有待深化

新时代大学生家国情怀培育的对象以学生为主。以学生为中心的主体性教育是在肯定大学生主体价值的基础上，通过调动大学生的积极性和促进其发挥主观能动性来进行家国情怀教育。主体性理念在大学生家国情怀培育中具有十分重要的作用。当前，大学生在学习包括家国情怀在内的中华优秀传统文化的过程中，呈现出一种被动接受的状态，对家国情怀的教育内容缺乏学习兴趣，对家国情怀教育的参与度不高。造成这种问题的原因主要有两点：一是在家国情怀培育的过程中，多数高校仍在实行传统的以中华优

秀传统文化教材为中心、以教师灌输为主要方式、以课堂学习为主要途径的培育模式，学生学习家国情怀培育内容的积极性不高，不能灵活主动地学习家国情怀培育内容，没有建构以学生为中心、以活动为手段、以实践为方式的家国情怀培育模式；二是很多高校虽然开设了包括家国情怀培育内容在内的中华优秀传统文化课程，但大多是选修课，一些学生只是为了修相应的学分而选择该课程。大学生不能主动学习家国情怀的理论内容，教师也并没有很好地调动大学生学习家国情怀培育内容的积极性，这就削弱了家国情怀培育的主体性，进而影响了家国情怀培育的效果。

2．大学生家国情怀培育的系统性理念有待深化

大学生家国情怀培育是当前高校思想政治教育的重要内容之一，它不是高校思想政治教育独有的，而是由诸多要素参与和作用的"百花齐放"，是一项复杂的系统性教育工程。大学生家国情怀培育需要在系统性理念的指导下进行，是以培育新时代大学生家国情怀为核心目标，以新时代高校思想政治教育为基础，以高校各个部门的参与和协作为重要保障的系统性教育。当前，高校未能形成系统性的大学生家国情怀培育理念，大学生家国情怀培育在很多时候仅被当作高校思想政治教育或中华优秀传统文化教育的工作内容之一，使得大学生家国情怀培育工作分散且孤立，未能形成教育合力，这在很大程度上影响了大学生家国情怀培育的效果。此外，纵观高校大学生家国情怀培育工作可以发现，大学生家国情怀培育没有被系统性地纳入中华优秀传统文化、爱国主义教育和责任担当意识的教育培养中，只是零散地分布在一些课程之中，这就使大学生家国情怀培育系统不够完整、整体性不强、针对性不强，从而使家国情怀培育的效果大打折扣。

3．大学生家国情怀培育的多样化理念有待深化

当前，随着经济文化的不断发展，社会多样化发展趋势越来越明显，教育的多样化发展趋势也越来越明显。大学生家国情怀培育也需要多样化的理念支持。大学生家国情怀培育的多样化理念是指大学生家国情怀培育要适应当前国家发展对人才培养的具体需求，即大学生家国情怀培育的方式、形式和手段的多样化以及大学生家国情怀培育衡量标准的多样化。但是，在大学生家国情怀培育的实际过程中，多样化理念体现的并不明显，家国情怀培育工作有待加强。具体来说，当前的大学生家国情怀培育模式还不能符合国家对肩负民族复兴重任的时代新人的培养要求，新时代大学生家国情怀培育的方式、形式与手段都较为单一，未能产生多样化的大学生家国情怀培育效果。总之，在大学生家国情怀培育中要不断树立多样化理念，提高家国情怀培育的多样化水平，推动大学生家国情怀培育工作不断完善。

（二）大学生家国情怀培育内容有待完善

大学生家国情怀培育内容是指为了达成家国情怀培育的目标，教育者向受教育者讲解的有关家国情怀的知识理论和情感观念的内容。大学生家国情怀培育内容是教育者与受教育者之间联系、互动的桥梁。大学生家国情怀培育内容要在紧跟教育环境的变化、时代的发展要求和大学生全面发展的需要。大学生家国情怀培育的内容对大学生个人素质的提高起着重要的作用，但是在对大学生进行家国情怀培育的过程中同样也面临着一些问题。

1．大学生家国情怀培育内容的时代性不突出

恩格斯指出："每一个时代的理论思维，包括我们时代的理论思维，都是一种历史的产物，在不同的时代具有完全不同的形式，同时具有完全不同的内容。"（《马克思恩格斯选集》）这就说明理论要体现时代性才能具有生命

力。同样，大学生家国情怀培育的内容也并非一成不变，而是要随着时代的发展变化不断增添新的内容，从而体现鲜明的时代性。当前，大学生家国情怀培育内容在很大程度上还是从中华优秀传统文化中有关家国情怀的知识内容来进行教育工作，这些内容对大学生的感染力和吸引力不足，大大影响了家国情怀培育的效果。新时代教育理念同样对大学生家国情怀培育提出了新的要求：培养能够肩负民族复兴重任的时代新人，培养具有强烈社会责任感的大学生，培养中国特色社会主义事业的合格建设者和可靠接班人，培养有理想、有本领、有担当的新时代大学生。大学生家国情怀培育在内容上同样也应该顺应新时代要求、展现时代精神、解决新时代问题，用在新时代创造的新理论、新知识、新观点、新论断来开展大学生家国情怀培育工作，使大学生家国情怀培育内容紧扣时代脉搏，展现新时代的丰富内涵。

2. 大学生家国情怀培育内容的整合、优化不够

大学生家国情怀培育内容并非一成不变，而是根据实际情况在不断发展和变化。因此，大学生家国情怀培育内容需要根据大学生家国情怀培育的目标、对象、环境、要求的变化不断进行整合优化。大学生家国情怀培育内容的整合优化，就是对家国情怀培育内容各种要素的梳理、加工、重组与创新，使家国情怀培育内容更具广泛性、生活性、多样性，更能紧密联系学生的学习和生活实际。当前大学生家国情怀培育内容明显存在整合、优化不够的问题，这主要表现在：大学生家国情怀培育内容比较零散，没有形成完整的理论体系，不能满足大学生家国情怀培育的实际需要；大学生家国情怀培育内容比较单一，不能很好地满足不同类型、不同层次的培育要求，内容的广泛性有待进一步提高；大学生家国情怀培育的内容需要进一步整合和优化，多数的家国情怀培育内容都停留在一些概念、理论、理念的层面，与大学生的生活实际还有一定的距离。

3. 大学生家国情怀培育内容的吸引力不强

全国高校思想政治工作会议精神强调："必须围绕学生、关照学生、服务学生，不断提高学生思想水平、政治觉悟、道德品质、文化素养。"大学生家国情怀培育的内容只有密切联系学生的学习、生活，才能更好地激发学生的学习兴趣，从而增强大学生家国情怀培育的效果。通过观察和梳理当前大学生家国情怀培育过程可以发现，大学生家国情怀培育内容没有很好地贴近学生的实际生活和需求，对学生的吸引力明显不够。一直以来，大学生家国情怀培育在内容上受到了固有思维模式的影响，教育者仅仅停留在家国情怀的"纯理论"和"课本式"教学层面，未将家国情怀的内容和学生的实际情况结合起来，未能满足学生的内心需求，未能和当前社会的理论热点紧密联系起来。这就导致了大学生家国情怀培育内容空泛，对大学生的吸引力不够，培育的实际效果也大打折扣。

（三）大学生家国情怀培育方法有待创新

复旦大学教授郑永廷在《思想政治教育方法论》中写道："所谓方法，就是人们在认识世界和改造世界的过程中，为达到预期目的所采用的手段或方式。"大学生家国情怀培育的方法是指教育者和受教育者在家国情怀培育的实践过程中，为达到一定的培育目的所采用的思想方法、工作方法和教育方法。大学生家国情怀培育方法在大学生家国情怀培育过程中具有十分重要的地位和作用。当前，随着社会的不断发展和教育实践的不断深入，大学生家国情怀的培育方法已经不能满足家国情怀培育的实际需要，大学生家国情怀的培育方法有待进一步创新。

1．理论教育模式较为单一

所谓大学生家国情怀培育中的理论教育方法，就是指在家国情怀培育的实践过程中，教育者对受教育者有目的、有计划、有策略地进行家国情怀理论的讲解和实践，从而达到家国情怀培育的目的，进而培养受教育者家国情怀的一种方法。理论教育方法是大学生家国情怀培育中最为常用的方法之一，在大学生家国情怀培育工作中具有重要的作用。当前，大学生家国情怀培育工作中理论教育模式较为单一，具体表现在教育者只能单一地运用家国情怀理论来教育和引导学生，学生对家国情怀理论的接受度不高、认可度不强。现在的大学生大多都是"95后"，他们接受新事物较快、思维比较活跃、渴望获取新的知识、不满足于陈旧的思想，这些因素使得大学生家国情怀培育不能单靠理论教育的模式来开展工作。同时，大学生家国情怀培育中理论教育模式较为单一的情况还表现在教育者大多选用单纯的理论灌输的教育方法，使受教育者很难在短期内运用家国情怀相关理论来指导自己的实践。

2．未能重视实践的教育方法

毛泽东在《实践论》中指出："只有人们的社会实践，才是人们对于外界认识的真理性的标准。"这句话强调了实践在认识中的重要性。大学生家国情怀培育中的实践指的是，教育者有目的、有组织、有计划地引导大学生积极参加家国情怀培育实践活动，让学生在家国情怀培育的具体实践中不断提高自身家国情怀认知水平和家国情怀感悟能力。当前，大学生家国情怀培育大多是以家国情怀理论教育为主，即在中华优秀传统文化或家国情怀培育课堂中，由教育者为学生讲授家国情怀的教育内容。家国情怀培育中重理论、轻实践的现象比较明显，学生很少有机会真正深入社会中去实践家国情怀理论。在大学生家国情怀培育中，教育者对实践的重要性认识不够，在实际教育中更重视家国情怀理论教学，而缺乏对大学生家国情怀培育的实践研究。大学生家国情怀培育中运用实践的教育方法是大学生家国情怀培育取得成效的关键，必须在大学生家国情怀培育过程中予以重视。

3. 没有很好地运用典型教育的方法

大学生家国情怀培育中的典型教育的方法是指在大学生家国情怀培育过程中，通过树立典型进行示范教育，激发大学生的情感共鸣，引导大学生对家国情怀行为进行对照、模仿和学习，从而提高大学生的个人素养，增强大学生家国情怀培育的说服力、感染力的一种方法。当前，教育者没有很好地运用大学生家国情怀培育的典型教育方法，对家国情怀的典型人物、案例、素材的挖掘还不够。如何树立和选择家国情怀培育典型是大学生家国情怀培育中运用典型教育方法进行教学应解决的首要问题。家国情怀培育典型应该是具有时代性、代表性、多样性的特点。时代性就是教育者在选取家国情怀培育典型时要遵循时代背景，选取时代背景下大学生喜欢和易于接受的典型，从而体现家国情怀培育的时代内涵；代表性就是在选取家国情怀培育典型时，要实事求是、客观地来进行人物、案例等的选取，要选取具有代表性的人或事，要联系大学生家国情怀的学习实际，切忌空洞和虚假；多样性就是在进行家国情怀典型教育时，注重案例、人物等的多样化形式，体现层次性。

（四）大学生家国情怀培育环境有待优化

大学生家国情怀培育的环境，是指大学生家国情怀培育的外部要素和条件，是影响大学生家国情怀培育进程与培育效果的现实基础。它是指影响大学生家国情怀培育实践活动开展的外部因素的总和。当前，大学生家国情怀培育的环境十分复杂，高校不仅没有很好地形成大学生家国情怀培育的文化氛围，同时，网络环境中的负面因素也对大学生家国情怀培育也产生了不良影响。

1. 高校没有很好地形成大学生家国情怀培育的文化氛围

目前，国内各高校相继开设了包括家国情怀内容在内的与中华优秀传统文化相关的课程，更加重视对大学生进行爱国主义教育，使家国情怀培育的整体水平比之前有了很大的提高。同时我们也应该清楚地看到，当前大学生家国情怀培育的现状依旧不太乐观，没有很好地形成大学生家国情怀培育的文化氛围。这包括以下两个原因：一方面，高校对大学生家国情怀培育的重视程度不够。家国情怀一直是中华优秀传统文化的重要内涵之一，然而家国情怀培育却并没有形成系统、完善、全面的思想理论体系。家国情怀培育作为高校思想政治教育的一个重要思想资源，作用于思想政治理论课的课堂教学之中，学生对家国情怀的学习也只限于选修课、通识课等。这些都说明了高校对当下大学生家国情怀培育问题的重视程度不够，没有在高校形成很好的家国情怀培育文化氛围；另一方面，在大学生家国情怀培育过程中，高校缺少相关的文化活动，没有很好地开展如家国情怀培育的典型人物、案例展示等一系列文化活动。同时，高校对大学生家国情怀培育的实践活动不够重视，学生们很难在实践中完成对家国情怀的情感体验，家国情怀的内容显得单调和枯燥，家国情怀培育的效果不佳。

2. 网络环境中的负面因素对大学生家国情怀培育产生的不良影响

网络环境中的负面因素对大学生家国情怀培育也带来了一些不良影响。主要表现有，一是网络中各种信息泥沙俱下，负面信息、虚假信息等充斥着人们的眼球，容易使大学生的思想受到污染，从而表现为思想消极、道德观念淡薄、缺乏责任担当意识、社会责任感不强、缺乏学习动力等问题。这些问题无疑是网络环境对大学生家国情怀培育产生的负面影响，给大学生家国情怀培育带来了巨大的干扰和挑战。二是网络中大量碎片化的信息不利于大学生家国情怀的培育。大学生家国情怀培育是指对学生进行教育、引导，从而帮助其建构家国情怀理论体系，指导其进行家国情怀具体实践的过程。网络环境中大量的碎片知识和零散信息会影响大学生家国情怀培育的连续性和系统性，最终影响大学生家国情怀培育的结果。

第二节　大学生家国情怀培育面临的挑战

一、培育环境复杂

（一）网络信息的复杂性影响了新时代大学生的家国情怀

在"互联网＋"的信息分享时代，大学生通过网络来学习或者获取信息的渠道越来越多。网络环境对新时代大学生的影响越来越大，网络上的舆论环境对新时代大学生的家国情怀培育产生了直接的影响。比如，微博中的很多消极言论不利于我们民族团结和社会的和谐发展，这样的信息势必会对新时代大学生的爱国情怀产生负面影响。新时代大学生虽然有一定辨别是非的能力，但如果长期被这些舆论影响，那么随着时间的推移，久而久之，他们就容易把这些言论当成事实。这不仅不利于新时代大学生形成正确的世界观、人生观和价值观，对新时代大学生的家国情怀培育也将产生极大的阻碍作用。

（二）市场经济的发展冲淡了新时代大学生的家国情怀

随着市场经济的进一步发展，现实诱惑也越来越多，许多大学生在市场经济的冲击下，越来越注重物质追求而忽略精神追求。在学习方面，一些大学生越来越重视实际利益，对一些理论性的知识缺乏兴趣，倾向于选择学习一些实用性的专业技能。带着强烈的物质欲望来学习将不利于新时代大学生培养家国情怀，同时也阻碍了大学生的心理健康发展。很多大学生容易在现实诱惑中迷失自我，这将不利于家国情怀的培育。

（三）国际形势的变化冲击了新时代大学生的家国情怀

随着当今经济全球化进程的加快，各国、各领域之间的交流越来越密切。经济全球化在给新时代高校大学生带来机遇的同时，也带来了很多客观上的挑战。许多大学生在与社会的接触过程中，缺乏责任感和危机意识，认为自己还没有真正踏入社会，对国家和社会不用承担责任和履行义务。同时，国际形势的快速变化也在一定程度上冲淡了新时代大学生的家国情怀。

（四）校园环境的复杂性影响了新时代大学生家国情怀培育工作

大学的校园环境对当前新时代大学生家国情怀的培育工作有着直接影响。新时代大学生的生活、学习、活动都离不开大学的校园环境，学校的风气会对新时代大学生家国情怀的培育工作产生很大影响。若整个学校的学习风气不浓厚，大学生就容易产生惰性，进而更加不愿意主动去学习家国情怀的相关知识。高校大学生在学习知识的过程中比较被动，有很多大学生并没有真正参与到课堂的学习中，没有把自己当成学习的主体，使得家国情怀的培育效果不佳。

二、培育力量薄弱

新时代大学生的家国情怀培育力量主要是指高校教师，具体有导师、高校辅导员和思想政治理论课教师等。然而，实际工作中，我们发现高校教师的家国情怀培育力量稍显薄弱，其原因有以下三点：首先，导师与新时代大学生家国情怀培育有着最直接的联系。通常情况下，导师一年只招收三五个学生，对这几位学生的学习和生活进行指导。但由于各方面的原因，许多导师的教育指导工作开展得不够充分。其次，高校辅导员的工作过于繁重，他们在负责学生的学业情况和思想生活方面事项的同时，还要负责院里的各类行政事务，因而对新时代大学生个体的家国情怀培育工作无法做到面面俱到，这在一定程度上不利于新时代大学生家国情怀的培育。最后，除了导师和辅导员，各思想政治理论课教师也是新时代大学生进行家国情怀培育的主要力量。然而一些思想政治课教师在进行课堂教育的过程中，没有将家国情怀作为单独的学习内容分离出来进行讲解，所以家国情怀培育的实际效果并不理想。

三、培育方法单一

当前对新时代大学生家国情怀进行培育的方式，主要是教师的灌输式教学。大学生被动地接受教师的教学内容，积极性和主动性大打折扣，课堂上的讨论少之又少，并没有让学生真正参与到课堂的学习中，教学全程缺乏对新时代大学生家国情怀培育的引导。"您对新时代大学生家国情怀培育的形式是否满意"的调查结果显示：有 29.5%的大学生回答"特别满意"，这部分大学生是课堂自主性比较强的人；有 18.6%的大学生回答"比较满意"；而剩下的 31.9%的大学生对培育的形式和方法的回答是"不满意"；甚至有

20%的大学生回答"抵触",这部分大学生在课堂中的参与度极低,没有把自己当成学习的主体。从调查结果可以看出,当前新时代大学生家国情怀培育的方法过于单一,不利于调动大学生这个群体的整体积极性,不能提升大学生家国情怀培育的效果,同时也不利于学生的成长、成才和高校思想政治工作的进一步开展。

四、培育内容滞后

在社会经济与科技高速发展的新时代,部分高校在培育的内容方面并没有做到与时俱进,教学内容更新换代慢。高校思想政治工作座谈会提到,当下对青年大学生提出的要求在部分高校的家国情怀培育内容中没有很好地体现出来。在"您认为自己在学校学习的家国情怀培育相关内容是否与时俱进"这一问题的回答中,有 27.3%的大学生回答的是"极少",证明他们在接受相关家国情怀内容的过程中并没有学到新知识,没有真正理解家国情怀的内涵;有 29.8%的大学生回答的是"与时俱进",他们对培育内容满意,认为自己学到了新知识;有 14.8%的大学生回答的是"没关注",这是他们学习态度的问题;有 28.1%的大学生回答的是"没有与时俱进"。

五、培育理论与实践相脱离

在新时代大学生家国情怀培育的过程中,部分理论知识没有与具体的社会实践结合在一起,流于表面形式,对提升新时代大学生家国情怀培育效果没有起到应有的作用。在"您作为新时代大学生参加过以家国情怀为内容的实践活动吗"这一问题中,有 36.2%的大学生回答的是"经常参与",可见这部分大学生在社会实践中是比较积极的;有 19.3%的大学生选择"偶尔参与"，通过高校教育和家庭教育的形式，这部分大学生偶尔参与过家国情怀的社会实践活动；剩余的 44.5%的大学生选择的是"从来没有参与过"，这说明有相当一部分大学生，所学到的家国情怀理论与社会实践联系不紧密，处于纸上谈兵的阶段。这种流于形式的家国情怀培育方式，社会价值和意义不大，对社会的发展与新时代大学生综合素质的提高无法起到促进作用。

第三节　大学生家国情怀培育的影响因素

新时代大学生家国情怀培育作为一个教育者主导、受教育者参与、多方力量综合作用的教育实践活动，其影响因素主要可分为大学生家国情怀培育的自身因素、家庭因素、高校因素、社会因素。

一、大学生家国情怀培育的自身因素

家国情怀培育的自身因素指的就是大学生本身，它在家国情怀培育过程中具有十分重要的作用。一方面，大学生在家国情怀培育实践中处于主体地位。具体的家国情怀培育实践中，培育者与培育对象（大学生）构成了矛盾的两个方面，他们相互作用、相互影响、相互依存，两者缺一不可。如果缺少了大学生这一因素，这一矛盾便不能成立和存在，大学生家国情怀培育实践就变成了空谈。因此，大学生的自身因素对家国情怀培育至关重要。另一方面，大学生是培育活动的出发点和落脚点。若要保证一项实践活动能产生实效，就不能从教育者的主观意愿出发，而要从实践主体的客观实际出发。

同样，大学生家国情怀培育过程必须从大学生的客观实际出发，把大学生当作培育活动的出发点和落脚点，制定培育的内容、培育的方案、培育的目标、培育的措施等。总之，在大学生家国情怀培育的过程中，要重视大学生这一实践主体，紧紧围绕大学生家国情怀培育的自身因素，有目的、有选择、有策略地开展家国情怀培育工作。

二、大学生家国情怀培育的家庭因素

家庭是社会的基本组成单位，是人生的第一所学校。家庭对一个人的成长至关重要，同样，家庭因素对大学生家国情怀培育有着直接的影响。因此，应充分重视和利用家庭因素，不断发挥家庭因素在大学生家国情怀培育中的正面引导作用，为大学生家国情怀培育创设更加有利的条件。大学生家国情怀培育的家庭因素是促进大学生家国情怀培育活动良性发展、影响大学生家国情怀培育过程与结果的重要因素，对大学生家国情怀的形成产生潜移默化的影响。研究家庭因素在大学生家国情怀培育中的重要影响，有助于提升大学生家国情怀培育的整体效果，对深入探索大学生家国情怀培育具有重要的理论和现实指导意义。在探索大学生家国情怀培育中家庭因素的作用时，应重点把握两个方面问题：一方面是家庭因素中的人文环境对家国情怀培育的影响。马克思认为，人是环境的产物，人的思想的形成和发展离不开环境的影响。家庭环境就是最典型的代表，家庭环境直接影响大学生家国情怀培育的效果。因此要重视家庭人文氛围的建设，形成优良的家庭人文环境，不断提升大学生家国情怀培育的实际效果。另一方面是家庭因素中家风、家教对家国情怀培育的影响。家风、家教是影响大学生家国情怀培育的重要家庭因素，爱家爱国、诚实守信、自觉承担社会责任等良好的家风对大学生家国情怀培育具有良好的促进作用。在家庭生活中对孩子进行家国情怀教育，重视对孩子责任担当意识的培养也是提升家国情怀培育的有效手段。

三、大学生家国情怀培育的高校因素

马克思在《关于费尔巴哈的提纲》中写道："环境的改变和人的活动或自我改变的一致，只能被看作是并合理地理解为革命的实践。"这说明了环境对实践的作用和意义。高校是大学生思想政治教育的重要场所，同样也是大学生家国情怀培育的重要阵地。首先，校园文化氛围是大学生家国情怀培育的源泉，对大学生家国情怀培育有着直接的影响。良好的校园文化氛围对大学生家国情怀培育具有显著的促进作用，反之，如果没有形成良好的校园文化氛围，大学生家国情怀培育工作将难以开展。这就要求我们要不断地加强校园文化建设，营造积极向上的校园文化氛围，推动大学生家国情怀培育工作不断完善。其次，教育者是大学生家国情怀培育中高校因素的重要组成部分，在大学生家国情怀培育过程中居于主导地位，主导着大学生家国情怀培育具体活动的组织、开展和评价，是大学生家国情怀培育的组织者、发动者、实施者，对大学生家国情怀培育起着十分重要的作用。因此，要十分重视大学生家国情怀培育中教育者个人素质和能力的提升。最后，也要重视大学生家国情怀培育的内容。大学生家国情怀培育的内容属于具体层面的因素，它对大学生家国情怀培育活动的开展具有重要意义。因此要不断完善大学生家国情怀培育的内容，为大学生家国情怀培育提供现实的理论依据和思想指导，从而促进大学生家国情怀培育工作不断完善。

四、大学生家国情怀培育的社会因素

马克思、恩格斯在《共产党宣言》中指出："人们的观念、观点和概念，一句话，人们的意识随着人们的生活条件、人们的社会关系、人们的社会存在的改变而改变。"同样，大学生家国情怀培育的社会因素对大学生家国情怀培育也具有一定的影响。影响大学生家国情怀培育的社会因素主要包括社会舆论氛围、社会道德准则和社会价值追求。首先，大学生家国情怀培育的社会舆论氛围主要是指当下普遍存在的一种社会心理和群体意识，它是目前社会意识形态的现实表现和具体展现，是大众对家国情怀培育问题带有倾向性的看法与意见的总和，对大学生家国情怀培育具有积极和消极两个方面的影响。其次，大学生家国情怀培育的社会道德准则，也称为社会道德行为习惯，是大学生家国情怀培育中社会因素的重要内容之一。在大学生家国情怀培育的过程中，要让学生了解具有家国情怀的道德模范的先进事迹，不断激发学生养成良好的行为习惯。最后，大学生家国情怀培育的社会因素还包括大学生家国情怀培育的社会价值追求。大学生家国情怀培育的社会价值追求涉及社会层面对家国情怀培育的认识、理解、判断等方面内容，它对家国情怀培育中社会环境的形成具有重要作用。

第二章　新时代大学生家国情怀培育的价值

第一节　家国情怀的理论价值及其教育意义

家国情怀作为贯穿中华文明发展进程中的重要思想，不但孕育了以爱国主义为核心的民族精神，而且蕴含着以德为先与依法治国的思想，是涵养社会主义核心价值观的重要源泉。因此，高校应在思想品德教育中积极培养大学生的爱国主义精神，并通过丰富多彩的社会实践活动来推动家国情怀教育高质量发展，进而使社会主义核心价值观深入人心。

中共中央政治局第十三次集体学习内容提到，"培育和弘扬社会主义核心价值观必须立足中华优秀传统文化"，认为对待中华传统文化应"有鉴别地加以对待，有扬弃地予以继承"。在我国的历史文化中，家国情怀由于具有强烈的家国同构意识与忠君爱国思想，遭到了古今不少思想家的激烈批评。梁启超认为"家国天下"的传统思想观念是构建现代民族国家的障碍，只有民众有了"国民意识"，才能构建现代意义上的民族国家，即"苟有新民，何患无新制度？无新政府？无新国家？"（《新民说》）他主张，应推翻家族制度为专制主义的根据论，倡导个人摆脱对家族、宗法共同体的依附，从而成为真正觉醒的人。但需要指出的是，当代意义下的"家国情怀"已剔除了其概念中的封建思想成分。如今，家国情怀对培育和弘扬社会主义核心价值观具有重要的现实意义，视"家"与"国"为一体，倡导"身修而后家齐，家齐而后国治，国治而后天下平"的思维方式都值得学习。

一、家国情怀的思想精华

家国情怀作为几千年来维系社会稳定与民族团结统一的强大精神力量，孕育了丰富的思想精华。

（一）家国情怀孕育了以爱国主义为核心的民族精神

毫无疑问，作为中华民族精神核心的爱国主义源于家国情怀。家国情怀不但内在地包含着忠于国家和民族的爱国意识，强调爱家即爱国，还要求个人在个人利益与国家利益或民族整体利益发生冲突时，应保持"先天下之忧而忧，后天下之乐而乐"的态度，并强调"修身""齐家"是为了实现"治国""平天下"的宏大理想。纵观五千多年来的中国历史可以发现，爱国主义始终是中华民族团结奋斗的精神支柱，中华民族的历史就是一部波澜壮阔的爱国主义发展史。这部爱国主义发展史鲜明地体现了中华民族在对待个人利益与国家或民族利益的关系上所持有的基本观念和明确的态度，即当个人利益与国家利益或民族利益发生冲突时，每个中华儿女都应把国家利益或民族利益放在首位，把个人利益放在次要位置，并且坚定地认为个人的人生价值只有在服务于国家利益或民族利益的过程中才能体现出来。可见，中华民族的爱国主义精神及其核心价值观与家国情怀理念基本一致。

（二）家国情怀蕴含着以德为先的道德理念

以德为先作为人类社会的一种德治理念，在中西方的历史上都比法治思想更为古老，其核心思想是依靠人们的道德自律来治理国家。以德为先的治国理念的实现需要两个基本条件：其一，国家建立了一套良好的社会道德规范体系；其二，人们能自觉遵守已存在的各种道德规范。在中国历史上，以德为先的道德理念早在周王朝时期就已存在，其中以孔孟为代表的儒家思想则更为重视这一点。儒家的家国情怀理论强调以"礼"齐家、以"礼"治国，即通过把"齐家"之"礼"外溢到"治国"领域，把为人之"礼"应用到政治生活领域，以此来维持社会秩序和社会稳定。同时，无论是"齐家""治国"还是"平天下"都需要"修身"，即只有自己成为道德高尚的人，才有可能实现"齐家""治国"与"平天下"。可见，家国情怀对"齐家"者、"治国平天下"者的道德行为提出了较高的要求，彰显了以德为先的道德理念。

（三）家国情怀蕴含着依法治国的法治思想

虽然有学者认为，在中国社会的发展进程中，儒家有以德治排斥法治的倾向，致使法治的理念在中国社会长期受到轻视，但事实上家国情怀也蕴含着依法治国的思想。家国情怀特别强调以"礼"齐家、以"礼"治国。而"礼"作为中华传统文化的核心，可以说它不仅是中国古代法律的起源，更是古代法律精神的体现，是法律的灵魂所在。换句话说，"礼"作为中国古代社会的一套社会道德规范体系，不但是国家制定制度的方针和原则，还是习惯法的一部分。因此，家国情怀强调以"礼"治国，事实上也是在社会上倡导依法治国（"礼"即习惯法）。此外，在中国的传统社会中，"齐家"的家族法规常常外溢并发展成为乡规民约，这显然催生了人们的规范意识和法治观念，推动了国家的法治建设，彰显了依法治国的价值理念。

二、社会主义核心价值观与家国情怀的关系

《马克思恩格斯选集》中写道："人们自己创造自己的历史，但是他们并不是随心所欲地创造，并不是在他们自己选定的条件下创造，而是在直接碰到的、既定的、从过去承继下来的条件下创造。"作为社会主义核心价值体系的内核，社会主义核心价值观继承了中华优秀传统文化的思想精华，内在地包含着家国情怀的价值内涵。

（一）社会主义核心价值观包含着家国情怀中的整体观

家国情怀将"修身""齐家""治国"看作是一个相互联系的有机整体，即个人的道德修养是"齐家""治国"的基础，家庭是联系个人与国家的中间环节，"治国"是"修身""齐家"的最终目的。党的十八大倡导"富强、民主、文明、和谐""自由、平等、公正、法治""爱国、敬业、诚信、友善"的社会主义核心价值观，强调要从国家、社会、个人三个层面来推动社会主义建设，认为这三个层次的价值追求是相互联系、相互贯通的有机整体，体现了国家、社会、个人在价值目标上的统一。具体来说，就公民与国家的关系而言，"富强、民主、文明、和谐"的价值目标的实现离不开"自由、平等、公正、法治"理念的支撑，更离不开每一个公民对"爱国、敬业、诚信、友善"的道德规范的亲身实践；就公民与社会的关系而言，"自由、平等、公正、法治"的价值取向离不开国家发展目标、价值理念的引领，也离不开公民对自我的道德约束；就公民与自身的关系而言，公民个人道德素质的提升离不开社会主义核心价值观的引领。可见，家国情怀与社会主义核心价值观都强调国家、社会、个人三者之间的相互依存、相互联系的整体关系。

（二）社会主义核心价值观包含着家国情怀中的个人观

家国情怀特别强调个人"修身"对"家"与"国"这些更大的社会共同体的作用，认为"天下之本在国，国之本在家，家之本在身"（《孟子·离娄章句上》），并且认为要实现"齐家""治国""平天下"的理想，个人应遵循"格物——致知——诚意——正心——修身"的路径。正所谓"古之欲明明德于天下者，先治其国；欲治其国者，先齐其家；欲齐其家者，先修其身；欲修其身者，先正其心；欲正其心者，先诚其意；欲诚其意者，先致其知；致知在格物。"（《礼记·大学》)在社会主义核心价值观中，国家层面"富强、民主、文明、和谐"的价值目标的实现离不开每一个公民对"爱国、敬业、诚信、友善"的道德规范的亲身实践，社会层面"自由、平等、公正、法治"的价值取向也离不开公民个人对自我的道德约束。换句话说，每一个公民都是践行社会主义核心价值观的主体。

（三）社会主义核心价值观包含着家国情怀中的以德为先理念和依法治国思想

正如上文所述，家国情怀不但蕴含着以德为先的理念，还蕴含着依法治国的思想。社会主义核心价值观作为社会主义核心价值体系的内核，既强调以德为先，又强调依法治国。在以德为先方面，无论是"富强、民主、文明、和谐"的国家层面的价值目标，还是"自由、平等、公正、法治"的社会层面的基本属性，以及"爱国、敬业、诚信、友善"的公民的基本道德规范，其立足点都是诚信。而诚信既是中华民族的传统美德，又是人类社会基本的道德要求，其在人际关系、社会秩序以及治国理政等方面都发挥着重要的作用。在依法治国方面，社会主义核心价值观特别强调法治，可以说法治是社会主义核心价值观的基石。因此，从国家层面上讲，"富强、民主、文明、和谐"的宏伟目标只有在法治的治理方式下才有可能实现；从社会层面来讲，法治是"自由""平等""公正"这些价值目标的保障；从个人层面上来讲，"爱国、敬业、诚信、友善"的公民道德规范也与法治有着密切的联系。

（四）社会主义核心价值观包含着家国情怀中的爱国主义思想

家国情怀是我国公民对祖国的一种高度认同感、归属感、责任感与使命感的体现，其浓烈的爱国主义情怀可在"天下兴亡，匹夫有责""一片丹心图报国，两行清泪为忠家"等名句中得到完美的诠释。就社会主义核心价值观而言，虽然国家层面与社会层面的核心价值追求没有直接表述爱国的思想，但却暗含了中国共产党要带领中国人民实现国家富强、人民幸福的百年愿景与中华民族伟大复兴的理想的信心和决心。而个人层面的价值观则突出强调了个人的首要价值在于"爱国"，即个人在处理与国家的关系时，应"以热爱祖国为荣，以危害祖国为耻"，树立"苟利国家生死以，岂因祸福避趋之"的报国之志。

三、高校实施家国情怀教育的路径

教育部于 2014 年 3 月 26 日下发的《完善中华优秀传统文化教育指导纲要》指出，在当前，加强中华优秀传统文化教育十分重要与紧迫，要求教育应"以弘扬爱国主义精神为核心，以家国情怀教育、社会关爱教育和人格修养教育为重点"，从"爱国、处世、修身"三个层面对青少年学生进行中华优秀传统文化教育。这就要求高校在对大学生进行社会主义核心价值观教育时，要注重从中华优秀传统文化中汲取营养，通过开展家国情怀教育工作使大学生形成家国意识，进而培养大学生的爱国主义精神。

（一）把课堂教学作为对大学生进行家国情怀教育的主渠道

在进行家国情怀教育时，各高校应充分利用课堂教学这个主渠道。首先，思想政治理论课教师应积极挖掘"马克思主义基本原理""毛泽东思想和中国特色社会主义理论体系概论""中国近现代史纲要""思想道德修养与法律基础""形势与政策"等思想政治理论课课程中的家国情怀案例，并通过课堂讲授、小组讨论等形式，对大学生进行家国情怀教育，使大学生充分认识到家国情怀的价值精髓，树立家国意识。其次，很多专业必修课，特别是人文社科类的专业必修课，如"中国哲学""古代汉语""中国古代文学作品选""中国古代史""中国近现代史""中国政治思想史"等都蕴含着丰富的家国情怀教育资源。因此，专业课教师应发挥专业课的思想政治教育功能，充分挖掘、利用这些专业课的家国情怀教学资源，把家国情怀教育有计划、有步骤地渗透到具体的课时计划中。再次，高校应组织、挑选研究中国传统文化的优秀教师开设中华优秀传统文化通识课，或者鼓励相关教师开设"中华传统文化""中华文化经典研究""国学经典导论"等中华优秀传统文化选修课，让学生在学习中国传统文化知识的过程中，理解中华传统文化中家国情怀的意义。最后，各高校还应充分利用"慕课（MOOC）"这一平台，推出具有家国情怀培育内容的中华传统文化网络课程，使学生能在线学习中华传统文化知识，并在这一过程中培育家国情怀。

（二）把校园文化建设作为对大学生进行家国情怀教育的主要载体

校园文化建设作为大学生思想政治教育的一种有效途径，应成为对大学生进行家国情怀教育的主要载体。

一方面，要加强校园的物质文化建设，为大学生提供一个隐含着家国情怀的育人环境。校园物质文化作为校园文化的一部分，是物化的文化形态，更是校园精神文化的载体。因此，各高校在进行校园物质文化建设时，应具有一种"文化自觉"，在命名校园的山水、道路、教学楼、报告厅、广场等时，在特定区域建设文化长廊、人物雕像、花坛草坪等以及在教学楼、图书馆、宿舍楼等楼宇走廊悬挂历史名人画像及其语录的过程中，使学生自觉地传承以爱国主义为核心的伟大民族精神，激发大学生的家国意识，使校园的物质文化建设在发挥地理标识作用的同时，还能发挥文化育人功能。

另一方面，要加强校园的精神文化建设，为大学生营造浓郁的家国氛围。首先，高校在利用校园网、校园广播、校刊、宣传栏、报刊栏的基础上，还应充分利用微博、微信、博客、QQ、BBS、高校移动应用客户端等新媒体社交平台，搭建家国情怀培育的宣传平台和传播渠道。其次，高校应紧密联系党团组织、学生会、大学生社团等群体，以重要节日、重要活动、重大历史事件等为切入点，通过组织开展诵读经典、征文比赛、主题演讲、红歌会、辩论赛、图片展等以家国情怀为主题的教育实践活动，把家国情怀教育渗透到大学生的学习生活中。最后，高校在建立名家讲坛、师生畅谈室等师生交流中华优秀传统文化的场所的基础上，应尽可能地邀请国内外的相关知名专家来校开展以"家国情怀教育"为主题的学术报告会、学术讲座，举办与家国情怀教育相关的学术研讨会，让大学生在与专家的对话中，增加对中华传统文化中家国情怀内容的了解。

（三）把社会实践活动作为对大学生进行家国情怀教育的有效途径

社会实践活动作为大学生思想政治教育的重要内容，应成为对大学生进行家国情怀教育的有效途径。高校在把课外社会实践活动纳入学校教育总体规划、量化学时学分的同时，应积极组织大学生在家乡开展诸如惠农政策落实情况、社区工作难点等社会调查活动，开展诸如关爱空巢老人、照顾留守儿童、反哺家乡等志愿服务活动，开展诸如科技、文化、卫生、法律等学习宣讲活动，使大学生在接触社会、了解国情、服务家乡的同时，增强当代大学生的使命感与社会责任感。此外，高校应与当地教育主管部门、各爱国主义教育基地合作，让爱国主义教育基地走进高校，进行专题性展览、巡讲；有计划地利用具有特殊意义的节日，如清明节、五四青年节、建党日、建军节、国庆节等，分期、分批组织各年级大学生到革命根据地、革命历史纪念馆、烈士陵园、革命遗址等爱国主义教育基地开展诸如缅怀革命先烈、举行入党宣誓仪式等与家国情怀教育相关的主题实践活动；让大学生了解近现代中国人民英勇抗击外来侵略者与坚决反对封建专制主义的历史史实，了解中国共产党在中国人民解放事业与社会主义现代化建设事业中所建立的丰功伟绩，由此增强大学生为实现国家富强、民族振兴、人民幸福的中华民族伟大复兴的中国梦而奋斗的动力。

第二节　大学生家国情怀培育的价值意蕴

大学生肩负着实现中华民族伟大复兴的时代使命和责任，是需要厚植家国情怀的青年主体。家国情怀凝聚了中华优秀传统文化的精髓，蕴含着中华民族追求国家富强、民族振兴的理想，蕴含着中国共产党"以人民为中心"的价值选择。在新的时代背景下，大学生家国情怀培育具有独特的价值意蕴，要挖掘家国情怀的育人内涵，从国家发展、高校教学目标、个人成长等方面不断引导大学生走出"小我"成就"大我"，使大学生在比较、借鉴中坚定"四个自信"，努力成长为合格的时代新人。

家国情怀是人们基于对家、国的归属感和热爱而形成的强烈的责任担当意识，凝聚了中华优秀传统文化的精髓，是实现中华民族伟大复兴的中国梦不可或缺的思想理念。作为充满理想、活力、激情的优秀群体，大学生是实现中国梦的主力军。因此，挖掘家国情怀的育人内涵、明确新时代大学生家国情怀培育的价值具有重要的现实意义。

一、家国情怀蕴含着丰富的育人内涵

家国情怀在我国历史发展中不断沉淀和升华，其间，家与国的概念发生了巨大的变化。但是以爱国爱家、家国一体为核心价值的思想内核则世代传承，并随着时代的发展与时俱进，不断地自我更新、丰富和发展。

（一）家国情怀凝聚了中华优秀传统文化的精髓

家国情怀深深植根于中华民族的灵魂和血液之中，家与国荣辱与共、共建共享是中华民族精神的最显著标志。家国情怀"由氏族而国家"而萌生，经《礼记·大学》"古之欲明明德于天下者，先治其国；欲治其国者，先齐其家；欲齐其家者，先修其身"的阐述，国家、社会、家庭和个人由此连接成逻辑整体。"修身、齐家、治国、平天下"演绎着"个人——家庭——社会——国家——天下"这一中国人特有的社会价值逻辑，体现出由"学而优则仕""为师教化天下"演变到尽己之力为社会做贡献的"天下兴亡，匹夫有责"的责任意识。"国家好，民族好，大家才会好"中的三个"好"揭示了家国情怀中个人前途命运与国家民族命运的共同体关系。国家发展得好，个人才有更多发挥才华、创造价值的空间和可能性。只有每个人、每个家庭发展得好，国家民族才有更加辉煌的明天。

（二）家国情怀蕴含着中华民族追求国家富强、民族振兴的理想

近代中国，无数仁人志士进行的种种救亡图存的探索，都蕴含着中华民族追求民族独立、国家富强的理想，体现了深深的家国情怀。"戊戌变法"核心人物梁启超首先在文章中使用"中华民族"这一概念，立志为改良救国、振兴中华而奋斗；孙中山创办第一个资产阶级革命团体"兴中会"，并郑重宣告："本会之设，专为联络中外有志华人，讲求富强之学，以振兴中华、维持国体起见。"他们著书立说、奔走呼吁并为之不懈奋斗，从学说到实践无不体现了中华民族追求国家富强、民族振兴的理想。近代以来的救亡图存运动使中国人的家国情怀在传统的国家认同的基础上更加入了对国家富强、民族振兴的向往和追求。改革开放以来的社会实践使中国人对建设一个富强、民主、文明、和谐的社会主义现代化国家有了更清晰的认识。

（三）家国情怀践行着中国共产党"以人民为中心"的价值选择

家国情怀深深地镌刻在中国共产党人的心中，心系人民的家国之情是共产党人最朴素却永不改变的价值选择。中国共产党成立之初就是以马克思主义为指导思想，以一切为了人民的利益为己任的政党。正是这种"有国才有家"的家国情怀推动着中国从站起来、富起来到强起来的伟大崛起，体现了共产党员的家国情怀和广大的共产党们坚守着人民利益高于一切的价值标准，在实践中践行着"以人民为中心"的价值选择，也必将继续号召中国人民为实现中华民族伟大复兴的中国梦而不懈奋斗。

二、新时代大学生家国情怀培育的价值意蕴

新时代在为大学生提供比历史上任何时期都要优越的物质生活的同时，也让大学生不得不面对更为严峻的调整，这样的现实体现了大学生家国情怀培育的独特时代背景。

（一）新时代大学生家国情怀培育有利于高校德育工作的顺利开展

首先，家国情怀是高校立德树人德育工作的重要内容。大学是立德树人、培养人才的地方，"立什么德""树什么样人"是完成立德树人根本任务时必须回答的问题。北京大学师生座谈会会议指出，"我们生而为中国人，最根本的是我们有中国人的独特精神世界，有百姓日用而不觉的价值观。我们提倡的社会主义核心价值观，就充分体现了对中华优秀传统文化的传承。"家国情怀中"修身、齐家、治国、平天下"的核心思想内在地契合了社会主义核心价值观"国家、社会、个人"三个层面相互依存、相互联系的内在逻辑，

是高校立德树人的重要内容。进入新时代，坚持中国特色社会主义发展道路，决定了培养有真才实学、道德修养、社会担当、家国情怀的社会主义建设者和接班人是教育工作的根本任务。明确了这个任务，也就明确了立德必须以坚定理想信念和厚植家国情怀为基本内涵，必须以社会主义核心价值观和中华民族优秀传统文化为高校的基本教育内容。

其次，培育家国情怀可以引导大学生走出"小我"成就"大我"。改革开放以来，追逐个人利益、小集团利益的社会风气逐步凸显，高校也存在不同程度地重智育轻德育、重学习成绩轻道德考核的现实问题。在此影响下，一部分大学生在权衡个人利益与集体利益、个人价值与社会价值时更注重前者，"利己"成为他们思考和实践的首要选择。他们把实现自我价值的"小我"与推动社会发展进步的"大我"对立起来，将实现"小我"利益最大化作为行为准则。"培养什么人"是教育的首要问题，这类大学生不符合新时代发展要求。因此，必须正本清源，重塑价值理念、厚植家国情怀，以培养"大我""忘我""无我"的青年大学生为目标来推动高等教育回归立德树人的正确轨道上。

家国情怀揭示了个人、社会、国家的内在逻辑关系，"天下兴亡，匹夫有责"向来是中国人最认可的大爱大德。大学生中出现的利己主义群体为教育者、管理者敲响了警钟。办教育不是办工厂，无法精确计算出效益。教育是培养国之栋梁、功在千秋的伟大事业，必须使那些以"人人为我"为首要价值选择的利己主义者清晰地认识到，没有前人的"我为人人"哪里有今天的个人前途。新时代大学生家国情怀的培育，就是要帮助大学生认识到肩负国家和社会责任是其实现自我价值的必要前提。在社会主义市场经济条件下，要正确处理个人利益与集体利益的关系，认识到奉献"小我"中实现"大我"、成就"大我"中升华"小我"的辩证统一关系。历史证明，个人不可能脱离社会而存在，个人永远处在时代浪潮中。在时代浪潮中，个人的前途、命运与国家民族的命运紧紧相连，只有把自己的人生融入时代、融入社会、融入国家改革发展的伟大事业中，才能响应新时代召唤，才能获得不断拼搏的动力，实现人生价值。强调社会价值、国家民族利益并不意味着贬低或者放弃个人价值。社会主义核心价值观重视个人价值的实现，中国梦把实现"人民幸福"放在"国家富强、民族振兴"的并列位置，中国共产党把满足人民日益增长的对美好生活的需要作为奋斗目标。由此可见，"小我"和"大我"在新时代找到了最佳契合点。只有加强大学生家国情怀培育，引导大学生走出"小我"成就"大我"，实现人生价值与实现中国梦同频共振，教育才能实现百年树人的目标。

（二）新时代大学生家国情怀培育为改革发展凝心聚力

首先，家国情怀是中国发展的精神动力。实践证明，在民族生死存亡、国家奋力崛起的关键时刻，家国情怀总能释放出巨大的凝聚力和内生动力，激发个体以身报国的责任意识。改革开放是决定当代中国命运的关键抉择，从小岗村的"包干到户"到创建经济特区作为改革的窗口，从打破国有企业"铁饭碗"体制到乡镇企业异军突起，从国务院要求公开"三公经费"到公务员的所有收入公开化、透明化的"阳光工资"，中国共产党带领中国人民以国为家，每次的历史转折点都以实现广大人民的幸福为己任，以舍"小家"为"大家"的奉献精神为出发点，凝聚共识、形成合力，在改革中不断沉淀的家国情怀也必将成为中国建成富强、民主、文明、和谐的社会主义现代化强国的精神动力。

其次，培育家国情怀能够帮助大学生在学习理论知识的过程中坚定"四个自信"。当前改革进入攻坚期，改革需要不断增强内生动力，减少改革阻力。新中国不断发展的辉煌成就让新时代大学生的民族自豪感、时代责任感、历史使命感持续增强。大学生面对着西方国家的各种破坏民族凝聚力的错误言论的攻击以及更加隐蔽的思想文化渗透，这些都会对大学生的价值判断产生不小的负面影响。国际上一些反动势力千方百计地试图弱化高校青年学生对社会主义核心价值观的认同感。有的大学生崇尚西方的价值观念和生活方式，甚至出现了一小部分"精日""媚美""哈韩"分子，他们对中华文化知之甚少，对中国共产党和中国特色社会主义持有怀疑甚至否定态度。"不识庐山真面目，只缘身在此山中"，大学生之所以会陷入误区主要是因为缺乏比较和鉴别能力。高校大学生必须深刻认识中华优秀传统文化的精髓和西方文化的阶级本质，在比较中鉴别、在比较中走出自己狭小的生活圈，在更大的视野中了解当代中国和世界的发展现状，增强文化的自信心。

家国情怀这张中华优秀传统文化的名片是中华文化区别于外来文化的鲜明特征，培育大学生的家国情怀能引导大学生在学习文化知识的过程中提高文化识别力、判断力，坚定"四个自信"，为国家发展凝心聚力。一方面，培育大学生的家国情怀可以帮助大学生澄清模糊认识、批驳错误观点。家国情怀蕴含着中华民族追求国家富强、民族振兴的理想，有力地回击了历史虚无主义对中国人民追求民族独立过程的歪曲、对国家英雄人物的丑化、对中国革命历史意义的否定。中国共产党用近百年的历史生动地诠释了人民的地位，培育家国情怀可以帮助大学生正确认识中国共产党的宗旨、坚定地听从党的指挥，批驳国内外敌对势力对中国制度的攻击，坚信中国人民在中国共产党的领导下正在开拓一条具有中国特色的发展道路。另一方面，培育大学生的家国情怀可以引导大学生在重大思想问题上形成共识。新时代大学生的群体利益诉求更加多样、思想更加自由，大学生家国情怀的培育过程就是通过各种方式和手段推进大学生对家国一体的深刻认识，把国家意识形态和政治主张转化为大学生广泛认同的思想共识，使大学生在理想信念、价值判断、道德观念上与党中央始终保持一致。新时代大学生家国情怀培育让大学生铭记历史、辨明方向、坚定信念，为实现中国梦凝心聚力。

（三）新时代大学生家国情怀培育促进大学生快速成长

首先，家国情怀培育工作是孕育大学生成长、成才的沃土。每个人都处于特定的社会关系之中，大学生在家里是子女，在学校是学生，毕业后是社会主义现代化的建设者。家国情怀的"家"，是国家的"家"，也是家庭的"家"。家，好比大学生成才的土壤，好的家风就好比肥沃的土壤，是培养树立家国情怀的重要源头。家国情怀从"家"出发，用家书家训、家国故事促进大学生的成长成才，"从家到国，由我及他"的逻辑有利个人与家庭、社会和国家之间的良性互动。大学生家国情怀培育的过程实际上就是大学生经历从了解到认同，再到建立归属感和自豪感的价值观建构过程；是从对家庭朴素的情感升华到对社会、对国家、对人类理性的价值判断的过程；是培养大学生爱国之情、磨炼强国之志，鼓励大学生在实践中报效祖国和人民的过程。

其次，培育家国情怀可以引导大学生自觉地成长为时代新人。在新的时代背景下，中华民族要创造更多的奇迹，需要更多的人勇于担当、敢于作为。在校大学生出生在世纪之交，实现两个百年奋斗目标的时代进程正好与这一代大学生的成长轨迹同步。他们将亲眼见证建党百年目标的实现，也将亲身参与为实现建国百年目标而奋斗的过程中。大学生能否肩负使命、担当重任，能否成为时代新人是新时代大学生培养的重要课题。然而，现实社会升学、就业压力，优胜劣汰的社会竞争，家庭望子成龙、望女成凤的愿望使一部分大学生身心疲惫，进而选择逃避。"佛系文化""丧文化"成为一部分大学生"不参加、不积极、不努力、不争优、不奋斗"的借口，他们选择冷漠地成为新时代的旁观者。这种态度消极、情绪消沉的状态与以"青春之我、奋斗之我"为中华民族伟大复兴铺路架桥的人才要求相去甚远。

最后，家国情怀倡导社会个体提高个人素质，主动承担国家和社会责任，把爱国之情、强国之志转化为报国之行。一方面，大学生家国情怀培育有利于激发大学生的奋斗热情。对"为什么要奋斗？""为谁而奋斗？""如何奋斗？"等问题找不到答案是大学生消极逃避的重要原因。家国情怀书写了个人奋斗精神对国家、对家庭、对个人的多重意义。培育家国情怀，可以帮助大学生找到奋斗的意义，使大学生认识到只有奋斗才能实现国家富强、只有奋斗家庭才能幸福、只有奋斗个人才有价值，从而使大学生找到奋斗的动力。奋斗可以从身边小事做起，奋斗精神可以从生活点滴中培养，在家孝顺长辈、在校尊师好学就是奋斗的起点。家国情怀的内在逻辑真正拉近了中国梦与大学生的距离，激发了大学生的主体意识，使中国梦与个人梦想目标一致。另一方面，大学生家国情怀培育有利于增强大学生的使命感。在中国特色社会主义道路上，家国情怀可以帮助大学生提高对国家的认同感，引导大学生关心国家前途和命运，自觉将个人命运与国家民族命运紧紧相连、将个人理想与中国特色社会主义共同理想紧紧相连、将个人梦想与实现中华民族伟大复兴的中国梦紧紧相连，鼓励大学生增强本领，用奋斗点亮人生舞台，以实干谱写时代芳华，自觉成长为敢担当、能担当中华民族伟大复兴使命的时代新人。

第三节　家国情怀对增强大学生国家认同的价值

家国情怀是中国优秀传统文化的内涵之一，表现了个人对国家的认同感与荣誉感。当今全球化浪潮冲击着大学生的价值观，社会转型带来的一系列问题影响着大学生对国家的认同感，大学生家国情怀培育工作成为重中之重。家国情怀对增强大学生国家认同的价值主要体现在三方面：家国情怀是民族精神的本源，为增强大学生国家认同提供心理基础；家国情怀是传统文化的主旋律，为增强大学生国家认同提供文化根基；家国情怀蕴含现代公民意识，为增强大学生国家认同提供内在动力。

国家认同是公民对自己所属国家的一种情感与评价，是认同国家并愿意为之效力的一种心理和行为，它主要包括政治认同、文化认同、制度认同等多方面的内容。广泛且一致的国家认同是一个国家的软实力，也是一个国家凝聚力的重要体现。大学生是国家的希望和未来，他们对国家认同的程度，决定着整个国家的前途和命运。当前全球化带来的价值多元化趋势以及西方国家"分化""西化"中国的策略冲击着我国大学生的国家认同感，同时，国内社会转型也在一定程度上造成了我国传统文化发展缓慢，这也影响着大学生的国家认同。家国情怀作为中华优秀传统文化的重要内容，其价值内涵对增强大学生的国家认同有着重要的意义。

一、家国情怀是民族精神的本源，为增强大学生国家认同提供心理基础

家国情怀是中华儿女在长期共同生活实践的基础上形成的思想和心理意识，它是中华民族心理和品格的重要体现。就其形成渊源来讲，家国情怀是在中国封建社会"家国同构"及以血缘为基础的宗法伦理制度影响下形成

的一种思想观念。正如钱穆先生在《晚学盲言》中所讲："中国俗语连称国家，因是化家成国，家国一体，故得连称。"由此，人们将对家的眷恋与国家的热爱紧密联系在一起。随着时代的发展，由家国一体形成的家国情怀以一种思想观念和民族心理延续下来，而这种思想观念和民族心理并不会因为现代社会的发展而消磨，只要稍一激发，便会显现出来。从家国情怀的形成过程可以看出，"家国"体现了人们情感范围从小到大的张力、从家到国的递推关系。因此，在传统家国观念的影响下，大学生的国家认同有了先天的土壤。在当今社会环境下，基于对家国关系的这种观念上的认知，使大学生很容易将自己的前途命运与国家的利益联系起来。

家国情怀无论在历史上还是在今天，都内在地体现着浓郁的乡土观念，正如费孝通所言，"从基层看去，中国社会是乡土性的"（《乡土中国》）。乡土观念是人们在长期的生活中产生的，对故乡、亲人的感情，由此而形成了对旧有文化传统的追寻和认同。中华民族自古以来就重视血缘和亲情，讲究"落叶归根"，正如孔子在离开鲁国时写下："迟迟吾行也，去父母国之道也。"（《孟子·万章下》）他把国家称为"父母国"，使传统民族精神特别是爱国主义精神具有了"亲情"的维度，这就将恋家、思念亲人与思念祖国联系起来，渐渐形成了中华民族"落叶归根"的传统心理特征，这种心理正是国家认同的心理根基所在。这种乡土观念在当今大学生的身上也存在着，比如现在大学生都来自全国各地，当他们在一所城市中发现自己家乡的特色商品或者标志性物品时，思乡之情便会油然而生。在国家层面上也一样，中国标志性的长江、长城、黄山、黄河等，无论中国人走到哪里，只要提到这些中国的"名片"，就能唤起其对祖国神圣而又强烈的情感。又如在奥运会赛场上，当中国选手赢得奖牌、中国国歌响起、五星红旗徐徐升起时，每一个中华儿女无不为之感动。这些代表国家或者家乡的标志性事物，能够勾起人们的爱国之情，经过长期的积淀，已经形成了中华民族的共同情感。因此，家国情怀从其深层内涵来讲，蕴含着深刻的国家认同。

而从社会心理学的角度来看，归属于某个群体在很大程度上是一种心理状态，它关乎"我是谁""我所属的群体是怎样的"等一系列问题的解决。因此，国家认同从心理学角度就可以定义为"一个人确认自己属于哪一个国家以及这个国家究竟是怎样一个国家的心理活动"，而国家认同作为一种心理状态，会受到多种因素的影响，这种认同程度也会随着这些因素的变化而改变。大学生的国家认同更是如此，就大学生本身的心理特点来看，其价值观还未完全形成，具有很大的可塑性；就当前社会环境来看，全球化以及互联网的发展，西方个人主义、虚无主义等思想文化的大量流入，使大学生价陷入混乱和迷茫的思想状态。加之中国社会正面临着社会转型问题，许多社会问题如生态环境污染、市场秩序不完善、社会公德意识淡漠等现象，时刻影响着大学生的国家认同。而家国情怀作为传统文化的重要内涵，作为中华民族所特有的共同的民族心理，为大学生在面对众多文化价值观进行选择时提供了重要依据。因为同一文化背景下的不同群体比不同文化群体更容易产生心理共振，而心理共振是消除心结、求同存异和行为默契的基础。大学生做出这种文化价值的判断及选择，就是一种自我确认的过程，需要建立共同情感（觉得自己是"我们"或"咱们"中的一员），进而让自己所属国家的概念更加清晰。因此，在当前时代背景下，大学生的国家认同必须经历内化的过程，而家国情怀作为中华民族所共有的文化心理，就成了一个关键的依据。

二、家国情怀是传统文化的主旋律，为增强大学生国家认同提供文化根基

随着我国改革开放的深入和社会经济转型，我国公民处在一个所谓的"后文化时代"之中，纷繁复杂的文化刺激和改变着他们的思想和行为，干扰着他们对传统文化的认知，一些优秀的传统文化甚至被遗忘。大学生对一些新鲜的文化元素充满兴趣，而对中国优秀传统文化的传承缺乏兴趣，文化认同度降低。如果国家认同与自身传统完全断裂，就会使社会失去秩序，而秩序的丧失就会直接导致国家凝聚力的下降。现在高校中一些大学生，盲目追求感官享受，以自我为中心，习惯性地向家庭、社会或者国家索取，懒于付出，比如一些大学生不顾自己家庭条件，向父母索要"苹果三件套"等现象频繁出现。这些现象直接导致的结果就是，个体的国家意识淡薄，丧失自尊心、自信心，进而影响社会整体的思想状态和发展方向。面对这种现象，首先需要从最基本、最能体现大学生共同情感的家国情怀开始，重视培养青年学生的爱国之情、民族精神，增强学生的国家认同感，抵制西方文化的渗透，培养学生的公德意识、责任意识，使其愿意为国家的发展承担起应有的责任，履行应尽的义务。

家国情怀是中国历史长河中积淀下来的民族精神与文化，文化认同、国家认同的根基在于家国情怀。国家认同首先是建立在历史文化基础上的，英国学者马丁·雅克认为，中国的国家形态本质上是一个基于文明而存在的国家，其身份认同都是源自悠久的传统历史文化，中国作为国家是以历史文化为前提存在的。以家国情怀为主要内容的传统文化有利于培养大学生的国家认同。具体来讲，弘扬优秀传统文化有利于唤醒公民关于国家的"共同历史记忆"，国家从古至今的发展变化都可以体现在传统文化之中，而这种"共

同的历史记忆"正是国家认同的重要来源。正如钱穆先生所说的"欲使其国民于国有深厚之爱情,必先使其国民于国往之历史有深厚认识"(《国史大纲》)。

这些"共同的历史记忆"是通过什么来唤醒的呢?这就需要重视家国情怀等传统文化在现实生活中的具体呈现,比如,家国情怀可以通过传统节日习俗来体现。春节、端午节等是国家法定假日,这些节日本身由来已久,通过对这些节日的庆祝唤起人们共同的情感记忆。还有一些地方近年来举办祭祀大禹的典礼,弘扬大禹治水精神。这些节日习俗都能潜移默化地影响人们对家的眷恋和对国家传统文化的认同。又如中国的国徽、国旗等标志性符号,塑造着大学生心中的国家形象,更是国家认同感的重要来源。总之,家国情怀深植于传统文化之中,体现在中华民族精神之中,更在现实生活中以文化符号、传统习俗等形式得以体现,潜移默化地影响着大学生的国家认同,为增强大学生国家认同提供文化层面的支撑。

当然,家国情怀不仅能给人们提供这种历史记忆,也是大学生文化自信的重要来源。在价值多元的文化思潮中,家国情怀的培育能帮助大学生找到自己文化的根,清楚自己国家文化与其他国家文化不同的地方,不盲目崇尚西方的文化,树立文化自信,敢于理性地对待外来文化,立足世界、博采众长。

三、家国情怀蕴含着现代公民意识,为增强大学生国家认同提供内在动力

家国情怀内在地包含着个人对国家的归属感、责任感、使命感以及参与感等,而这些情感内核,正是现代公民意识的重要内容与表现。公民意识与国家认同直接相关,可以说,国家认同内在地包含着公民意识,公民意识为国家认同提供了内在动力与政治伦理基础。因此，家国情怀对培养大学生的公民意识，增强其国家认同感具有重要的价值。

国家认同是公民意识的核心指向。公民意识是在近代随着"公民"一词的出现而产生的，是指公民对自己在所属国家中的地位与角色的自我认知，包括公民的国家意识、责任意识等。公民意识内在地包含着公民与国家的关系，与国家认同相对应。公民意识首先体现为公民的身份意识，这直接关乎公民的身份认同，也就是说公民只有有了国家主人翁的主体意识，才会觉得自己是国家的一分子，才会主动参与到国家事务中去，国家也才具有自身存在的基础。其次，公民的责任意识是指公民对国家发展的一种责任担当，即公民自愿承担起国家的重要责任的意识，它是公民重要的心理品质，也是公民国家认同的重要体现。再次，公民的参与意识，主要是指公民作为国家的成员，具有积极地参与（包括直接和间接参与）公共权力运行的主人翁意识。在参与中，公民渐渐体验到共同情感，进而更愿意积极地参与到政治生活中，这是国家认同更高级的表现。最后是公民的国家意识。公民和国家是相对应的，没有国家就没有公民，而没有公民对国家的认可，国家就失去了合法性的基础。每个公民都应该具有国家领土意识，认为领土主权神圣不可侵犯，认同本国的历史文化，并且愿意将其传承下去。大学生只有具有了公民意识，意识到自己是国家的一员，心系国家发展前途，肩负着国家繁荣富强的历史使命，有为国家奉献的意识，才会将爱国之情转化为现实行动，自觉参与到社会建设中，比如生态环境保护、社区志愿者服务等。

孟子曾经说过"国之本在家，家之本在身"（《孟子·离娄上》），"治国""齐家"最终落脚到个人的修养，而个人的责任感、使命感演化到今天就表现为公民意识。具体来讲，首先，"家国天下"这样的世界观体现着人民对所属的集体的认同，发展到现在，就是指公民的国家意识，体现了公民对国家强烈的政治认同感。其次，"天下兴亡，匹夫有责"体现了古代仁人志士对国家的责任担当意识，在今天来看，就表现为公民的责任意识，也是建构公民国家认同的关键所在。只有公民具有责任意识，才会将爱国由情感转化为行动。最后，"精忠报国""鞠躬尽瘁，死而后已"等体现了人民对国家的无比忠诚与奉献精神，这种忠诚与奉献就是公民的责任意识与政治参与意识，它是最高层次的国家认同，体现了公民与国家的政治伦理关系。因此，家国情怀有利于培养大学生的公民意识，高校应把家国情怀融入大学生德育的内容之中，培养大学生的责任担当意识，进一步提高他们的国家认同。

第四节　家国情怀在大学生足球教学中的德育价值

近年来，关于体育中德育功能的研究受到越来越多的关注，体育运动不仅强身健体，还蕴含着丰富的文化价值和精神价值。足球作为团队竞技性体育运动，深受青年大学生们的喜爱，大学生们不仅踢足球、看足球，还讨论足球。现在的不少大学生从孩童时期起就在户外的草地上踢球，足球俨然成为高校校园里最为普及的运动之一。本节就结合当下足球发展的时代背景，分析足球运动中蕴含的德育价值，特别是足球运动中的家国情怀因素，探讨其在大学生德育工作中的融合发展。

著名思想家、教育家蔡元培先生提出："完全人格，首在体育。"近年来，体育作为德育体系中的一个重要环节，其德育价值受到各方肯定，许多研究者也开始进行深入研究。体育是德育工作开展的重要载体，其本身就承担着重要的德育功能。在体育运动的开展过程中有意识地融入德育，不仅能磨炼学生的意志，更能培养学生的爱国主义精神和集体主义观念，培养学生服从组织、遵守纪律、诚实守信、积极进取的意志品质。

一、足球运动的德育功能

国际足球联合会在倡导足球发展时表示："足球所具有的互动、交流的功能以及带给参与者和观赏者的快乐是青少年足球能够普及的最重要因素。"足球这样一项户外体育运动，其体育精神包括公平竞争、超越自我、永不放弃等。

（一）个人服从集体的全局意识

足球作为团队竞技性体育运动，采用十一人制比赛规则，其比赛过程就是十一名球员相互配合、相互协作的过程，队员间的传球、攻防转换都需要团队的高度配合。活动过程需要整个团队一起奋战，每名队员必须从大局出发，任何的个人主义都必须以服从团队利益为前提，做到心中有集体、有团队，积极与同伴配合，才能取得比赛的胜利。团队协作精神是足球运动中的核心部分，参与足球运动，可以帮助大学生通过实践更好地理解如何处理个人利益和集体利益之间的关系。

（二）灵活应变的心理素质

足球运动不仅重视和强调队员的相互支持和配合，也给了个人展示的平台，比如跑位、传球、突破、射门等都对个人的专业素养和运动技能提出了很高的要求。足球比赛的场上形势瞬息万变，复杂性和多变性是足球运动的特征之一。足球运动既要求运动员各感官反应灵敏，有果敢灵敏的技术动作，又要求运动员能快速分析和判断场上形势，打出合理的战术配合。在身体保持运动的情况下，做出快速、正确的判断可以提高学生们分析问题、处理问题的能力，锻炼良好的心理素质。

（三）公平竞争的规则意识

足球运动是一项竞技性的集体运动。"不以规矩，不能成方圆"，足球运动也有游戏规则，只有在规则允许的范围内，运动员们才能尽情展示自己的个人技术。不管是足坛名将还是场上新人，只要有超出比赛规则的行为，都会受到相应的惩罚，甚至可能被裁判罚出场。因此，无论是观赏还是参与，学生公平竞争的规则意识都可以在足球运动中自觉地得到提升。

（四）身心愉悦的社交方式

足球作为一项深受大学生喜爱的体育运动，逐渐成为一种喜闻乐见的生活方式。闲暇时间去球场上挥汗如雨、以球会友，重大比赛时约上三五好友一起看球，大家聚在一起踢足球、看足球、讨论足球，这些都是以足球运动为载体的社交方式。同时，在观看一些国际足球赛事时，学生们还可以从中了解到许多国家的历史和文化，这也是一种学习世界多元文化的有效途径。

二、足球运动中蕴含的家国情怀

（一）我国足球运动的历史渊源

足球是当今世界公认的第一大运动，也是最受欢迎的体育运动之一，追根溯源，古代足球运动起源于我国。

早在战国时期，国人即传言"蹴鞠"为黄帝所作。《史记》是最早记录"蹴鞠"的文献典籍。汉代是"蹴鞠"发展的高潮时期，"蹴鞠"主要用于士兵训练。唐宋时期，"蹴鞠"成为宫廷中的高雅活动。但是中国古代的"蹴鞠"最终并没有发展成为以公平竞争为原则的现代足球运动。现代足球起源于英国，始于英国的剑桥大学，是当时学生们自发形成的一种比赛，规则不一。后来现代足球运动逐渐从英国推广到欧洲，再从欧洲推广到全世界。1904年，国际足球联合会宣告成立，这是足球发展史上一个历史性的时刻。2004年2月4日，国际足球联合会副秘书长热罗姆·项帕涅在伦敦举行的新闻发布会上正式对外宣布："足球最早起源于中国——中国古代的'蹴鞠'就是足球的起源"。可以说，足球运动与我们国家有着很深的历史渊源。

（二）足球运动的家国情怀内涵

足球运动的魅力不仅体现在运动场上的较量，还体现在爱国主义教育上。每逢重大的国家队比赛，都能看到足球爱好者欢聚一堂为自己的国家队呐喊助威的情景。纵观足球界，作为目前唯一包揽了男、女足世界杯冠军的德国，其高度完善的职业联赛体系位居世界前列，德国的足球文化也能让人感受到德意志民族的文化特色。

虽然足球起源于中国，但是中国近现代的足球运动并没有像如同乒乓球一样迅速发展起来。从观众的角度来看，不管中国国家男子足球队的成绩如何令人失望，国内观众对中国足球的关注与支持却从来没有消退。2016年3月29日，对中国球迷来说是个难忘的日子。当晚，2018年世界杯亚洲区预选赛第二阶段最后一轮小组赛，国足主场以2比0的比分战胜卡塔尔队，晋级12强赛，球迷欢呼雀跃，高唱国歌一起庆祝这场胜利。这些年来，国足遭遇的骂声从未间断，而这也是一种"爱之越深、恨之越深"的表现，正是因为寄托了太多的情感，才让我国球迷有"恨铁不成钢"之感。

正如球迷的口号"赢球一起狂，输球一起扛"，这种强烈的集体意识正是足球运动所蕴含的家国情怀的体现，包含着对集体目标的期许。因此，可以看出足球运动能够体现团队合作精神，可以增强人民对国家的认同感，使爱国主义情怀得到升华。

三、足球运动的家国情怀在大学生德育教育工作中的实现路径

2015 年 2 月，中央全面深化改革领导小组第十次会议举行，审议并通过了《中国足球改革总体方案》。《中国足球改革总体方案》指出："中国梦离不开体育强国梦，体育强国离不开足球振兴，发展和振兴足球是建设体育强国的必然要求，也是全国人民的热切期盼。"

（一）通过足球运动磨炼大学生的意志

竞争意识和百折不挠的意志品质是学生步入社会所必需的品质。在体育竞技中，这种品质会激发学生的潜能，同时也会在潜移默化中塑造学生的性格。德育应避免灌输式说教，要注重潜移默化的熏陶。在课余时间，团学组织要充分利用足球类学生社团开展足球比赛，营造足球运动氛围，发展校园足球文化。

（二）通过足球运动使大学生领会社会主义核心价值观

大学阶段的学生，其体育爱好已完全定型。由于世界观、人生观、价值观的日趋成熟，大学生能更加深刻地理解足球比赛的规则，理解足球赛场上服从指挥、尊重裁判的公平竞争意识，以及运动员为取得胜利所表现出来的、不懈努力的敬业精神等。从这个层面而言，足球运动也是社会主义核心价值观在体育运动层面的一个缩影。"富强、民主、文明、和谐，自由、平等、

公正、法治，爱国、敬业、诚信、友善"，大学生能在参与和欣赏足球活动的过程中更好地领会这些价值观念。

（三）通过足球运动促进家国情怀的文化传承

学生既是德育对象，又是德育的主体。德育效果在很大程度上取决于德育目标、内容、方式、方法是否与学生的心理特点、认知水平和思想观念相符合。

大学时期是学生价值观、世界观形成的关键阶段。大学生处于生理成熟期，各项身体机能都处于巅峰状态，符合开展高强度、高对抗性的体育运动的要求。在足球承载"体育强国梦"的当下，人民对足球的期待已经与家国情怀紧紧结合在一起。大学阶段的教学任务不再是单一的知识传授，而是创造一种精神文化，并使这些精神文化通过某些特殊的途径内化到大学生的心里，再通过激发大学生们的价值追求，使其进一步地创造社会价值，从而为社会发展贡献自己的力量。因此，可以说在大学阶段开展足球运动，承载着传递快乐、激发热情、凝聚人心的重要使命。

（四）通过足球运动升华爱国主义教育

爱国主义教育是社会对高校的基本道德教育要求，高校必须从学生的实际情况出发，道德教育只有植根于现实的土壤才能结出丰硕的果实。

足球运动作为集体性运动，在世界体育界有着举足轻重的地位，凡是中国足球队参加的赛事大都会引起大学生的关注。大学生们聚在一起看比赛，既是为了享受足球带来的激情，也是为了体验这种集体荣誉感。在网络媒体越来越发达的信息时代，足球和每个人的生活息息相关。比赛时，大学生不一定要去现场，在宿舍里就可以感受到集体荣誉感，在体育解说的欢呼中感受情感的联系，或在网络论坛里与其他爱好者一同感受竞技体育的参与感。

因此，学校应适时地关注重大赛事信息，充分利用网络资源和学生社团的力量，把握国际性大型比赛的契机，组织学生集中观看足球比赛，因势利导地开展德育工作，激发学生对足球运动的热情，将爱国主义教育与足球运动紧密联系起来，使学生在参与集体性体育运动的过程中，潜移默化地接受爱国主义教育，增强学生的国家荣誉感。

超越足球运动看体育的价值，超越体育看教育的价值。足球不仅要比技战术，还要比心理素质等。以足球运动为载体，从足球运动的德育功能入手，将家国情怀渗透到德育工作中，把育人工作借助足球比赛细化落实，使大学生的德育内容更加丰富，形式更加多彩，方法更加灵活，效果更加显著，从而丰富了爱国主义教育的方式，有利于学生从现实生活角度体会国家荣誉感和爱国主义精神。

第三章　新时代大学生家国情怀培育的模式

第一节　高校思想政治课中融入家国情怀培育的内容

新时代青年是国家繁荣昌盛的重要保障,培育大学生的家国情怀,可激发大学生的潜力,对中国特色社会主义建设的顺利推进、现代化强国目标的实现具有重要意义。

家国情怀是主体对共同体的一种认同,表现为主体融入共同体构建的情感、思想、理念等,其基本内涵包括家国同构、共同体意识和仁爱之情,与行孝尽忠、乡土观念、民族精神、爱国主义、天下为公等中国优秀传统文化有着密切的联系。

中国人的家国情怀,既是一种内心感受与情感表达,又是一种思想觉悟和家教传承。"修身、齐家、治国、平天下"是一种成熟的儒家思想与家国同构模式,这一主流文化意识影响深远。家国情怀里蕴含的与国家民族休戚与共的决心和以百姓利益为出发点、以天下为己任的使命感,来自叫作"家"

的地方。国是千万家，国是家的集合与升华。"国家好，民族好，大家才会好"，"小家"同"大国"同声相应、同气相求。

新的时代背景下所强调的家国情怀对我国优秀传统文化和理念实现了一定的超越，其内涵更为丰富，表现形式更为多元化，涉及国家利益与民族自豪感、社会稳定与公平自由、人民安居乐业与家庭幸福和谐等方方面面国计民生的问题。因此，家国情怀培育在增强民族凝聚力，建设幸福家庭，提高公民责任意识等方面都有重要的时代价值。

一、大学生家国情怀培育的现状

为准确把握新时代大学生家国情怀的现状，笔者借助思想政治课教学，对所教班级的大学生进行了问卷调查，并对结果进行分析、思考。从调查结果来看，约60%的大学生认为自己在任何时候都是比较坚定的爱国者，90%的大学生认为学校教育是进行爱国教育的主要途径。几乎所有的大学生都把关注国家大事、积极服兵役视作爱国的表现，他们反对狂热的爱国主义，他们中的大多数认为自己是理性爱国的人。约80%的大学生为中国的崛起、中华民族伟大复兴而感到自豪，并愿意在国家危难的时候贡献自己的力量，甚至做出牺牲。从其表达出的爱国优先级来看，"即使不能兼济天下，也要为国家挥洒热血，保卫国家"成为最优先的考虑其后是"在保全自身的情况下，才能为国家做贡献"，这体现了很多学生实用主义的处世态度。

笔者还就近年来发生的一些具有代表性的事件进行了爱国主义情况的问卷调查。调查结果显示，学生被港台教育失败产生的"废青"、中美贸易摩擦等激发出来的爱国热情最为强烈，其后依次是汶川大地震、北京奥运会、《战狼》等主题电影以及出国旅游时遇到的中国元素等。

对调研结果进行综合分析，我们发现绝大多数大学生具有较为深厚的家国情怀，也具有正确的价值观，但仍存在一些无序性与模糊性。如受到西方自由主义、个人主义思想的侵蚀，忧患意识薄弱，社会责任感不强等问题。这些问题需要进行进一步的分析与纠正。

二、家国情怀的培育

（一）引导树立正确的观念

家国情怀与爱国主义具有丰富的理论内涵与现实表达形式。从某种意义上说，爱国的前提是"修身""齐家"，爱国要立足本职工作，敬业守法，在国家需要的时候做出贡献甚至牺牲，要胸怀报效祖国的远大理想。

思想政治课是引导大学生树立正确价值观的重要平台。其目标是引导大学生树立报效祖国的崇高理想，自觉维护国家利益，通过课堂教学使大学生更加了解国家的政治、经济、社会、文化、生态等基本国情，逐渐明确践行爱国主义精神的具体方向。思想政治课可以引导大学生深入学习社会主义核心价值观，形成正确的价值观，使大学生的爱国主义思想不断升华。

（二）纠正错误思想

思想政治教育是纠正学生不正确的世界观、价值观、人生观的重要手段。如"中国近代史纲要"通过对史实的学习与对比来帮助学生树立正确的历史观；"思想品德修养"通过榜样的力量来帮助学生养成诚实守信的思想品德；"毛泽东思想与中国特色社会主义理论体系概论"通过理论的讲解来帮助学生坚定理想信念，增强"四个自信"。面对西方自由主义、个人主义思想的侵蚀，教育者要引导学生抵制国外的消极文化因素，坚决抵制文化渗透等活动，坚决抵制来自资本主义世界的享乐主义、拜金主义等腐朽文化。

大学生应自觉抵制不良思想的侵蚀，努力学习中国优秀传统文化，保持一种文明、温和、克制的态度，合理合法地表达爱国情感、展现家国情怀。

（三）培养社会责任感

针对当代大学生忧患意识薄弱、社会责任感不强的问题，思想政治课要在大学生家国情怀的培育中注重引导其树立历史使命感、社会责任感。当前正处于中华民族伟大复兴的关键时期，思想政治教学的核心任务之一就是使大学生认识到历史与现实赋予的艰巨任务和伟大使命，不能沉溺于安逸的生活，要积极进取，勇于面对困难和挑战。家国情怀的教育使大学生深刻认识到自己的责任与使命，树立远大的理想，为中华之崛起而读书。责任感与爱国主义精神相结合，将产生无限的潜能。

家国情怀强调大学生应注重个人修养、重视亲情、心怀天下。具有导向性的家国情怀与爱国主义对国家与社会发展起到了积极作用，培养家国情怀与爱国主义是新时代思想政治教育的重要工作内容。

第二节　就业视角下厚植大学生的家国情怀

从国家层面、高校层面及个人层面来看，在就业工作中厚植大学生的家国情怀同样具有重要意义。在深入分析大学生家国情怀缺失的原因后，提出构建以辅导员为核心的协同育人体系，以"家国情怀"为核心的价值塑造体系，以"职业咨询"为核心的咨询体系的对策。

家国情怀自古以来便是我国道德体系的重要组成部分，表现为个人把热爱家庭的"小爱"上升到热爱祖国和人民的"大爱"。就业工作历来是社会最大的民生问题，大学生的就业工作不仅关系着学生"小家"的安稳，更影响着国家的长治久安。青年人尤其是大学生，是实现中华民族伟大复兴的"中国梦"的主力军，因此，在就业工作中厚植大学生的家国情怀是高校重要的时代使命。

一、就业中厚植大学生家国情怀的思考

随着国家经济形势的持续向好，大学生就业率不断提高。根据各大高校公布的 2018 届就业质量报告，双一流大学毕业生就业率普遍高于 95%。但在职业选择时，大批毕业生仍然倾向于选择以"薪资高"为标签的互联网行业，放弃前往国家重点单位（包括国防重点单位、国有企业和党政机关）的机会。通过开展面向大学生的问卷调查、深入访谈和学校一线老师的反馈发现，大学生的"高薪酬"择业观源于其家国情怀的缺失。

在和平年代，各行各业蓬勃发展，大学生的学习、生活主要围绕着追求个人美好生活的目标，对目前国家安全和国际形势则了解较少，缺少家国情怀。大学生在申请入党、竞选学生干部、申请奖学金时对家国情怀谈得比较多，但在就业时仍然以薪酬作为就业选择的第一要素，体现出了当代大学生"只说不做"的问题。目前经济下行压力大，房价高涨，大学生毕业面临买房压力，多数大学生会优先偏重自己的"小家"，先解决"小家"的买房问题，再考虑个人职业发展与国家发展需求相结合。即使有深厚的家国情怀，在人才辈出的新时代，大学生仍然自信心不足，缺少"成功必定有我"的决心，宁愿放弃国家重点单位的重要岗位。

造成大学生家国情怀缺失的主要原因有：首先，协同育人机制尚未建立。大学生家国情怀培育严重依赖辅导员，辅导员与导师、思想政治课的授课老

师、同学和校友等其他教学队伍之间的协同育人机制尚未建立。大学生家国情怀的培育需要多方努力才能完成。其次，高校忽视对大学生的就业观的塑造，仍然以"就业率"为导向开展就业指导工作。部分高校虽然已经认识到在就业中厚植大学生家国情怀的重要性，但是急于求成，开展的各类工作也仅限于毕业年级，对低年级大学生的就业观仍然不够重视。最后，对大学生的就业缺乏心理辅导，导致大学生就业后"人、职不匹配"，频繁违约或离职，对大学生的职业发展非常不利。

二、就业中厚植大学生家国情怀的必要性

（一）国家政策的号召

2017 年 2 月，中共中央、国务院印发了《关于加强和改进新形势下高校思想政治工作的意见》（以下简称《意见》），该《意见》将理想信念教育作为思想政治工作的核心，其中"引导师生树立正确的世界观、人生观、价值观，加强国家意识、法治意识、社会责任意识教育"就是家国情怀和责任担当的具体描述。十九大报告中提到"青年一代有理想、有本领、有担当，国家就有前途，民族就有希望"，这句话充分体现了党和国家对培养青年一代责任担当意识的重视。2018 年 5 月 2 日，北京大学师生座谈会会议内容提到"爱国，不能停留在口号上，而是要把自己的理想同祖国的发展、把自己的人生同民族的命运紧密联系在一起，扎根人民，奉献国家"，进一步将大学生的个人理想与祖国的前途、民族的命运紧密联系在一起。2019 年 2月 3 日，中共中央、国务院春节团拜会上提到"要在全社会大力弘扬家国情怀""提倡爱家爱国相统一"。可见，对青年人进行理想信念教育、家国情怀培育具有重要意义。

（二）高校良性循环发展的需要

在学科评估和"双一流"建设中，优秀在校生数量和校友数量是两个非常重要的指标，该指标意味着学校获得更多外部资源的能力。同时，校友也是学校的一个名片，校友的良好发展有助于提高学校的知名度和生源质量，从而吸引更多的优秀人才就读，形成良性循环。大量的优秀毕业生在国家重点单位、重大工程、重大项目、重要领域生根发芽，高校在上述领域便可以具有一定的话语权和影响力。日积月累，高校的综合排名、生源质量和科研能力也能得到有效提升。

（三）大学生个人长远发展的需要

具有家国情怀的大学生趋向于选择国家重点单位就业，在大舞台上成就自己的事业。具有家国情怀的大学生在参与重大项目时，有"成功不必在我"的境界和"成功必定有我"的担当，更容易受到用人单位的重用。同时，具有家国情怀的大学生会认真对待每一份职业，注重诚信，在同一个用人单位努力工作，实现个人与企业共同发展。根据电子科技大学研究生院就业办的相关统计，该校前往国有企事业单位工作（国防重点单位、国有企业、其他企事业单位和党政机关）的研究生与去私企单位工作（民营企业和三资企业）的研究生相比，上升通道更多，升职机会更多。同时，就职于国有企业事业单位的研究生比去私企单位工作的研究生职业发展更稳定，离职率更低。

三、就业中厚植大学生家国情怀的策略分析

（一）构建以辅导员为核心的协同育人机制

辅导员是高校专职开展思想政治工作的骨干力量，具有扎实的思想政

治理论基础和较强的组织沟通能力。但单靠辅导员一人的力量无法达到厚植大学生家国情怀的目标。因此需要辅导员进行统筹规划，通过组织各类活动、搭建各类平台，将导师、校友、思想政治老师、同学和学生组织等资源充分调动起来形成合力，构建全员参与和全方位育人的机制。

第一，辅导员要重视导师的不可替代性。我国的研究生是导师负责制，导师是研究生的思想、科研、生活和就业等方面的监督人。导师与研究生之间的关系"亦师亦父"，对研究生的影响不可替代。导师应在科研和学习生活中注重对研究生家国情怀的培育，鼓励研究生毕业后担大任、干大事。近年来高校也将导师提前引入本科教育中担任班主任或班导师，实行本科生与研究生的无缝对接、本科生进教研室等计划。导师的言行举止对本科生有重大影响。第二，辅导员要学习思想政治课老师系统性的教学方法。思想政治课老师与大学生在课堂接触时间较多，具有完整的思想政治知识体系和"传道、授业、解惑"的能力，善于将家国情怀贯穿于授课内容中。第三，辅导员要积极利用师兄师姐的经验。根据电子科技大学信息与通信工程学院 2018 届和 2019 届毕业研究生问卷调查，研究生择业时咨询最多的人是自己的师兄师姐。因此，朋辈的指导对人学生的就业、择业具有重要作用。第四，辅导员要参考校友的工作经历。校友与大学生有相同的教育背景，校友的良好发展鼓励着大学生也到该领域发展，借鉴校友的发展路径去工作可以达到事半功倍的效果。第五，辅导员要调动学生组织的自主性。学生组织成员本身就是大学生，因此对大学生的思想动态和实际需求比较有发言权。通过学生组织举办的各类活动也更加贴近学生实际，更容易受到大学生的认可。

（二）开展以"家国情怀"为核心的价值观塑造

1．重视新生和毕业生的价值观教育

院校领导在新生开学典礼上为新生讲授"第一课"，鼓励学生能够脚踏实地、努力学习、勇于承担时代赋予的责任和使命，也可以将院系大学生就业情况、职业发展、行业发展状况和国内国际形势纳入新生入学教育方案中。院校还应该针对进入国防重点单位和基层单位工作的大学生举行座谈会或送别会，聆听毕业生的心声，为毕业生加油鼓劲儿。在大学生毕业典礼上，院校领导为毕业生讲授"最后一课"，鼓励他们立大志、做大事，在各行各业做出自己的贡献。

2．引导大学生参加国家重点单位就业实践活动

与国防重点单位、党政机关、国有企业和基层单位等达成合作意向，建立实习、实践基地。每年利用寒假、暑假，组织一大批优秀大学生前往各大国家重点单位参加就业实践。实践结束后，积极进行新闻报道和活动汇总。充分利用学校本地的国家重点单位的现有资源，开展参观、调研和党支部共建等活动。在就业实践中培养学生的爱岗敬业、艰苦奋斗和坚韧不拔的精神，引导他们志存高远，为国奉献。

3．加强网络宣传平台建设

当代大学生作为伴随着网络技术飞速发展成长起来的一代，其思维方式、价值观念、行为习惯均有着自己的特点，对新媒体的接受度很高。高校应建立线上交流平台，如微博、微信和微视频等，发布就业政策、招聘消息，分享就业经验，树立就业典型，营造良好的就业氛围；在学生活跃度较高的论坛上开辟就业指导专栏，为学生职业生涯规划答疑解惑；开展线上校企交流平台，运用语音和直播等方式，拉近双方距离；推出关于基层实践、选调

生在内的多项内容，帮助同学们了解基层工作，提供基层实践的机会，引导大学生去祖国最需要的地方。

4．积极推动职业发展课程建设

目前高校面向大学生的职业生涯规划系列课程在高校不受重视，开设数量较少，配备授课教师多以辅导员或就业指导中心教师为主，课程内容多以求职技巧为主。而院校两级开展的职业发展类活动以讲座形式为主，不成体系和规模，且学生覆盖面不够广。高校应以"职业生涯规划"为主题，在不同年级开展不同类型的职业发展课程：如针对低年级大学生着重坚定理想信念教育和价值观塑造，中年级大学生着重提高其个人修养、知识水平和综合素质，高年级大学生则着重对其进行有效的就业指导。

（三）构建以"职业咨询"为核心的咨询体系

1．心理咨询中心开展职业兴趣咨询

大学生就业时压力相对较大，难免会因为一些短期诱惑而忽视长远发展。同时，很多同学对自我认识不够，不清楚个人的专业特长，不了解适合自己的行业、单位和岗位。目前高校心理咨询中心主要负责在校生的心理健康咨询及辅导，处理职业咨询较少，因此需要联合心理咨询中心开展大学生职业兴趣方面的个体、团体咨询和职业测评等。

2．就业指导中心开展院校就业政策咨询

学校的就业指导中心作为高校最重要的就业指导机构，是最了解国家、地区和高校就业政策的部门。不同高校对大学生的就业政策不同，如鼓励大学生筑梦军工，倡导大学生诚信就业或积极响应国家重大战略的号召等。就业指导中心对高校不同学院、不同专业、相同专业不同研究方向的历年就业数据更为了解，可以通过大数据的方式让大学生了解本学院、本专业和本方

向的主要就业单位和岗位等。因此，就业指导中心可以开展就业政策、就业情况的相关咨询工作。

3．通过杰出校友和企业业务骨干开展行业咨询

大学生在校期间接触的大多是老师和同学，与职场人接触较少。杰出校友的工作经历对大学生职业生涯规划有重要的启示意义。业务骨干对行业、求职技巧的了解都可以为处于就业焦虑中的大学生提供就业指导。

4．辅导员开展一对一的个人咨询

目前多数高校主要负责就业指导工作的仍然是辅导员。辅导员与大学生朝夕相处，对大学生的思想状况、专业素养、个人能力和性格都比较了解。同时，辅导员对学院历年大学生的就业情况、特殊就业案例、学院相关专业就业具体情况十分了解。辅导员与大学生之间开展一对一的个人咨询可以帮助大学生做好职业选择。

第三节　感恩教育培育大学生家国情怀

培育大学生的家国情怀是新时代高校思想政治教育工作的重要内容。新时代大学生是实现中华民族伟大复兴的"中国梦"的生力军，他们需要从家国情怀中汲取民族复兴的精神力量。感恩教育作为中华优秀传统文化教育的重要组成部分，为大学生家国情怀培育提供了一个新的切入点。

2019 年 11 月 12 日，中共中央、国务院印发的《新时代爱国主义教育实施纲要》指出："要把国家富强、民族振兴、人民幸福作为不懈追求，着力扎紧全国各族人民团结奋斗的精神纽带，厚植家国情怀，培育精神家园，

引导人们坚持中国道路、弘扬中国精神、凝聚中国力量，为实现中华民族伟大复兴的中国梦提供强大精神动力。"这就要求高校要将感恩教育作为培育大学生家国情怀的切入点，引导大学生树立家国一体意识，激励大学生将个人理想与国家发展、民族富强联系在一起，为实现中华民族伟大复兴的中国梦不懈奋斗。

一、感恩教育与大学生家国情怀的内涵

中华文化博大精深、源远流长。感恩教育和家国情怀作为其中的重要内容，在不同历史时期有着各自存在和发展的独特性和侧重点。它们有着共同的历史脉络，都始终以人的全面发展与社会进步为其根本目标，以回馈家庭、报效祖国作为它们共同的价值取向。二者在此基础上丰富了各自的内涵。

感恩作为人类的情感表达方式之一，体现了个体对人与人、人与社会、人与自然关系的一种正确认知，感恩教育对个人品质的发展有着重要的推动作用。新时代大学生的感恩教育就是教育者在明确当前我国社会发展目标的前提下，运用与时俱进的教育手段和方法，引导大学生懂得感恩父母、老师、朋友、党和国家、大自然等，教育大学生在感恩中提升家庭责任感、社会责任感、民族自豪感、国家认同感及文化自信，最终为实现中华民族伟大复兴的中国梦提供精神动力。感恩教育的内容具体来说包括以下几个方面：

第一，父母的养育之恩。从传统氏族社会至今，以血缘亲情关系维系家族的族系传承是中华民族的古老传统，从某种意义上来说正是这种观念的存在使中华民族历经千年，仍屹立于世界民族之林。正如《孝经·天子》中所说，"爱亲者，不敢恶于人；敬亲者，不敢慢于人。"《诗经·小雅·蓼莪》

中对子辈与父辈的关系做了深刻的表述："父兮生我，母兮鞠我。抚我畜我，长我育我，顾我复我，出入腹我。"父母恩，大于天，这种恩情源于父母对儿女的悉心呵护，如"临行密密缝，意恐迟迟归"；源于父母对子女的无私付出，如"母苦儿未见，儿劳母不安"；源于父母对子女的殷切期盼，如"老母一百岁，常念八十儿"。感恩父母的养育之恩就要做到孝顺父母，以真心呵护父母、承担赡养父母的义务，回馈父母无私的付出。

第二，老师的教诲之恩。中国人民自古以来就有报师恩的传统，正如唐代韩愈对教师职责的定义："师者，传道授业解惑也。"大学生对基础知识的掌握和自身道德情感的升华需要科学理论的指导和正确"三观"的引领，大学生个体的进步离不开教师的谆谆教导和倾囊相授。都说"教师是最光辉的职业"，但其背后披星戴月的辛苦却是不为人知的。熬夜备课、为学生做好学习规划、兼顾每位学生的身体和心理健康是教师日常的工作状态。一句"老师，您辛苦了"能让教师获得心灵上的慰藉和精神上的极大满足。

第三，党和国家的培养之恩。马克思指出："人的本质不是单个人所固有的抽象物，在其现实性上，它是一切社会关系的总和。"人总是不能离开社会而独立存在的。新时代的大学生生活在党和国家提供的安定、和谐的社会环境下，享受着国家发展带来的生活水平显著提高等福利，单纯地索取是不合理的，要懂得饮水思源。大学生感恩党和国家就要努力提升自身的理论素养和道德素质，时刻以社会主义核心价值观为价值引领，要有热爱党、热爱祖国的情怀，锤炼本领，立志为中国梦的实现而奋斗，这样才能无愧于党和国家的培养。

第四，大自然的馈赠之恩。自然是人类生存的基础，人类生存所需的一切资源都来自自然界。人靠自然界生活，人正是在与自然的互动中获取人所需要的生活与生产资料。自然不仅给人提供物质满足，还为人类带来思想的指引。比如声呐、雷达、宇航服、船体流线等技术的出现，都是大自然给予我们的灵感。感恩自然就是要维护人与自然的和谐相处，保护自然而不是征服自然，以实际行动关心身边的自然环境，诸如绿色出行、节约用水等。大学生是未来社会的开拓者，是建设生态文明的主力军，教育者要以马克思主义的生态观和习近平生态文明思想为指导，教育大学生在日常生活中做生态文明建设的倡导者和忠实践行者，保护环境、节约资源，珍惜大自然给予人类的一切。

而大学生的家国情怀就是大学生在面对新时代提出的新挑战、新问题时，正确看待个人与国家的关系，以强烈的责任感继承和弘扬中华民族优秀传统文化、弘扬以爱国主义为核心的民族精神，践行社会主义核心价值观，努力奋斗并将其落实到实现中华民族伟大复兴的"中国梦"的实践中。具体来说，它的内容包括以下几个方面：

第一，家国同构意识。家国同构的内在逻辑一方面可以从"家"与"国"的组织结构去理解，体现为二者在经济、政治、文化等结构上的共通性，在新的历史条件下，可以作为维护政治稳定的一种价值理念。另一方面可以从二者的语义构成来解读家国"同构"，即它所表达的诸如"唇亡齿寒"的内在逻辑，"家是最小国，国是千万家"。对家国同构的理解始终不能超出伦理范畴，它所具有某种道德上的约束或者情感依托是历史性的，带有一定的意识形态色彩。

第二，仁爱思想。仁爱思想是中国传统儒家文化中的核心内容，即"孝悌，博爱"。它体现的是一种大爱，泛爱万物，即爱父母、爱他人（爱万物）、爱自己。大学生可以从血缘、地缘等角度出发，由小及大，在个体所生活的

"微共同体"中表达关爱、同情等。

第三，爱国主义精神。习近平在北京大学师生座谈会提出："爱国是人世间最深层、最持久的情感，是一个人立德之源、立功之本。"家国情怀教育要真正培养一代又一代"听党话、跟党走"的爱国青年。大学生是未来社会的建设者，在新的历史条件下，爱国主义精神依旧是大学生前进道路上的指路明灯。在 2020 年抗击疫情期间，出现了许多年轻的"逆行者"，如"医护专车"志愿者刘灵灵、"戴上妈妈的红袖标继续战'疫'"的戴权、与父亲一起奋战火神山的徐子扬、北京大学援鄂医疗队的"90 后"党员群体……心之所系，情之所归，爱国是每个大学生应当融入骨子里的精神追求。

第四，对民族复兴的历史使命感。"空谈误国，实干兴邦"，实现中华民族伟大复兴的中国梦，离不开一代代大学生的努力奋斗和高度的责任感、使命感。大学生只有认识到自己肩负的历史使命，才更有前行的动力。历史使命具体来说就是对实现国家富强、民族振兴、人民幸福的中国梦的责任担当。这就要求新时代的大学生努力学习，在学习中成就自己，努力投入中国特色社会主义现代化建设中，尽自己最大的努力为中国梦的实现添砖加瓦。

在新的时代背景下，坚持感恩教育和家国情怀培育相统一，是对感恩教育的有力补充，也是新时代感恩教育的精神指向和价值追求。

二、以感恩教育助力大学生家国情怀培育

一方面，感恩教育有利于培养大学生家国同构的思想。感恩教育本质上是以情动情的情感教育，教育者通过引导大学生以直观思维认识个人与他人、个人与社会的关系，从而促进社会不断发展。在这一过程中，大学生的思想得以升华，在个人利益与集体利益发生冲突时，能以集体利益为重。所

谓"个人"与"集体"就是"家"与"国"的缩影。人是群体动物，但人的生存范围是有限的，所以培育大学生家国同构的情感共识最终要从他们的日常生活入手。通过感恩教育激发大学生的社会意识的觉醒，从而自觉地将个人行为与社会的发展状况相结合，形成中华民族共同体意识。在日常生活中，当面对危害社会或者国家利益的行为时，会受到爱国主义的激励，激励自己做出符合中华民族共同体意识的价值判断和选择。

另一方面，感恩教育有利于提升大学生担当民族复兴重任的思想认同感，进而将大学生爱国主义精神转化为实践活动。人是具有斯芬克斯因子的存在，斯芬克斯因子由人性因子和兽性因子构成，也就是说人发展到现在，身体里依旧保留有动物本能。大学生因其所具有的动物本能而表现出一定的趋利避害的价值取向。因此，教育者需要通过教育的调节和引导，使受教育者更多地表现出人所具有的社会属性。大学生群体是国家的希望、民族的未来，这就需要他们付出努力，甚至在一定程度上牺牲他们的个人利益。在家国情怀的培育过程中，外界的干扰会影响他们思想境界的提升，这时感恩教育就能起到很好的调节作用。通过情感上的引导使他们正视个人的社会身份并激励他们追求理想，使他们对社会共同体的价值达成共识。通过感恩教育功能的发挥使大学生的爱国主义思想落实到赡养父母、努力学习、节约资源、保护环境等生活实处。以 2020 年全国人民抗击新冠肺炎疫情为例，大学生积极参加抗疫行动、参加志愿者服务的行为突显出我国感恩教育的成功。

三、通过感恩教育培养大学生家国情怀的有效途径

2019 年学校思想政治理论课教师座谈会提出："青少年阶段是人生的拔

节孕穗期，最需要精心引导和栽培。"作为国家未来的开拓者、建设者，大学生拥有什么样的家国情怀不仅关乎个人成长，更关乎一个国家的兴衰成败。培育大学生的家国情怀要求我们放眼全局、着眼细节，从家庭、学校、社会环境和大学生自身的感恩教育出发，将大学生家国情怀的培育过程融入时代发展的进程，培育心中有阳光、脚下有力量的时代新人。

（一）以家庭感恩教育增强大学生家国同构意识

新时代的家庭感恩教育依旧不能脱离一条主线，即个人在孝顺父母、回报父母养育之恩的同时，也要有胸怀天下的仁爱之心，这是对传统家庭孝德教育的继承和发展。家庭孝德教育最初产生于西周，孝德含有两层含义：一是"生孝"，即孝顺、赡养父母；二是"死孝"，即供奉、祭祀祖宗。这其实就是我国最初家国一体观念的表达，但在今天孝德观又有了新的发展与变化。

新时代的大学生没有经历过战争、饥荒，没有经历过国家过去几十年的沧桑，难以体会历经沧桑之后社会和谐稳定的来之不易。这就需要每一个家庭的父母发挥其言传身教的作用，做有知识、有文化、有情怀的父母。父母应以亲身经历向大学生讲述我们国家的发展历程，鼓励他们通过多种媒介关心国家大事、关注时事新闻，在日常生活中以身作则，不做危害国家利益的事情，以社会主义核心价值观所要求的"爱国、敬业、诚信、友善"为指导，正确认识个人利益与国家利益之间的关系；引导大学生做好本职工作，努力学习，提升自身理论知识水平，厚积薄发，做到"达则兼济天下，穷则独善其身"，充分发挥长辈的言传身教作用，为大学生心中埋下感恩的种子。通过这些日常性的家庭孝德教育，培养大学生家国同构的意识，实现家庭感恩教育的最高价值追求。

（二）以学校感恩教育培养大学生的仁爱之心

首先，学校是传授知识与塑造价值观的场所。仁爱思想是中华民族五千多年传统文化的结晶，大学生仁爱之心的培养离不开文化的熏陶和知识的传授，学校感恩教育应注重教育大学生知恩图报。仁爱体现在个体能正确处理与他人的关系等方面。

其次，要实现专业课程与思想政治元素有机结合。专业课程与思想政治元素有机结合是当前高校教育的一个重要方向。全国高校思想政治工作会议强调各类课程要和思想政治理论课同向同行。要提升大学生的家国情怀，使大学生心怀祖国、报效祖国，各科教师要自觉完成教学任务，无论是文史类还是理工科的学生，都要对国家的历史有基本的了解，尤其是对一些关乎国家荣辱的大事件，比如南京大屠杀事件等。各科教师要不断提高自身理论素养，增强前瞻意识，结合实际情况及时调整授课内容、策略，将知识教育和爱国主义教育相结合，大力开展国情教育和党史教育，以感恩教育为出发点，强化大学生的国家认同和民族自豪感。

另外，也要发挥教师的积极性、主动性、创造性。感恩教育是思想政治教育的一部分，以感恩教育培育大学生的家国情怀本身就是一种思想政治教育方式。全国高校思想政治工作会议强调："做好高校思想政治工作，要因事而化、因时而进、因势而新。"面对 2020 年的全国疫情"大考"，教师要充分发挥其积极性、主动性、创造性，明确"疫情就是课堂"。最美"逆行者"就是活教材，要因势利导地激发大学生报效祖国和为人民服务的热情。教师在日常教学中要想达到更好的教学效果，不但要有高超的教学本领，还要深入到学生中间，想学生之所想，忧学生之所忧，要主动去了解年轻一代的兴趣爱好。教师要主动去营造一种和谐的师生相处氛围，让学生在身边的

"微共同体"中体验到群体认同带来的精神归属感,培养大学生的共情能力。

(三)以社会感恩教育提升大学生的爱国之情

美国著名心理学家艾里希·弗洛姆强调:"一个健全的社会能够让人爱他人,进行创造性的活动,开拓自己的理性思维和提升客观认识能力。无论哪一历史阶段的社会,都具有一种功能,即要么促进人的精神健康,要么扭曲人的发展。"(《健全的社会》)发挥社会感恩教育在大学生家国情怀培育中的促进作用,要善于捕捉社会热点,为大学生构建良好的社会感恩教育环境。

公众人物肩负着更多的社会责任和公众期望,有很强的社会带动作用。当前是一个多媒体的时代,作为社会中最活跃的群体之一,大学生是未来建设祖国的主力军,应以此为契机塑造德艺双馨的公众人物,以他们强大的影响力带动大学生的爱国热情。目前国家正处于疫情防治关键期,社会公众人物应自觉履行社会责任,积极响应国家号召,通过各类社交应用以视频或者消息互动等方式呼吁大学生"粉丝"群体感谢国家在疫情防治中的付出、感谢一线医务人员、遵守国家相关法律法规等。号召大学生尽自己的能力回报祖国,从自己做起,在风清气正的社会环境中刻苦学习,努力实现自己的人生价值。比如在 2020 年 5 月 4 日这一天,微博出现这样一条热门搜索关键词,"王一博兑现和医护粉丝的约定",作为人气"明星"的王一博与医护"粉丝"李莎的零距离见面,事后李莎说这让她更有动力在做医护人员的道路上走下去,她会变得更好,做别人的英雄。

主流媒体对社会主流价值观的宣传与引导是实施大学生社会感恩教育的又一切入点。简单来说,各种主流媒体是国家的"传声筒""扩音器",媒体要做的就是"唱响主旋律,弘扬正能量"。大学生对社会事件的了解莫过于"两微一端",各媒体要充分利用微博、微信及新闻客户端发布有教育意义的社会事件。如利用国家近年颁布的《中华人民共和国基本卫生与健康促进法》对医生权益进行保护，主流媒体应大力宣传对医护人员的感恩情感，促使大学生学习他们奉献社会、利用自己所学所知竭力报效祖国的奉献精神；大力宣传疫情期间科研人员积极投身疫苗研发、为了祖国和人民的安全将个人利益置于国家利益之下的家国情怀；大力宣传国家近年来颁布的《关于全面加强新时代大中小学劳动教育的意见》，把握时机发布一些劳动模范人物的光荣事迹，利用媒体舆论导向的力量引导大学生树立积极向上的生活态度，远离"丧文化"的负面情绪，积极投身到祖国现代化建设中。

（四）以自我感恩教育提升个人素养

"我想感谢我自己。"这是 2020 年疫情防控工作中，援鄂危重症患者救治医疗队队员何许伟对自己说的话。他感谢自己的勇气战胜了内心的软弱，让自己坚守住了作为医务人员的初心，也感谢自己在国家危难时刻与祖国共进退，努力追求自己的人生理想。不难发现，何许伟在对个人理想的追求中不忘国家利益，在对自我的激励中，也完成了自己的光荣使命。大学生是具有主观能动性的人，也是处于发展中的人。马克思主义唯物辩证法指出，发展的实质就是事物对自身的否定，事物的发展就是一个在肯定中否定，在否定中肯定的过程。激励大学生自我感恩就是激励他们以积极乐观的人生态度面对生活中的挑战，就是鼓励他们肯定自我价值，发挥自己的主观能动性、努力奋斗。

首先，对自我价值的肯定，就是要激励他们在自信中成长，要激励大学生在深刻领会"四个自信"，坚定个人自信。其次，要珍惜来之不易的幸福生活。2020 年的疫情防控工作还在进行中，我们在新闻中听到重复最多的一句话就是"我们要把人民群众的生命安全和身体健康放在第一位"，这是党和政府对人民的承诺。最后，要努力奋斗。幸福都是奋斗出来的。当代大学生要努力做好本职工作——学习。大学生要在学习中提升自己、充实自己，在学习中发现生活的美好。作为社会中的个体，大学生应该认识到人生价值和幸福并不是抽象的概念，它们的实现要以社会为载体，大学生在实践中自我发展的过程也就是价值实现的过程。

新时代呼唤新青年，中华民族伟大复兴的"中国梦"必将在一代又一代青年的接续奋斗中实现。高校要以感恩教育作为培育大学生家国情怀的切入点，厚植新时代大学生的家国情怀，激发大学生的爱国之情、报国之志，教育引导大学生从家国情怀中汲取民族复兴的精神力量，坚定"四个自信"，为中华民族伟大复兴的"中国梦"注入青春与活力。

第四节　铸牢少数民族大学生的家国情怀

少数民族大学生对国家、对集体、对社会主义的认同一直是高校思想政治教育工作的重要内容。在新的时代背景下，厚植少数民族大学生的家国情怀在增强少数民族大学生的国家认同与文化认同、激发少数民族大学生的社会责任感与历史使命感、铸牢少数民族大学生的中华民族共同体意识方面更加突显出其时代意义。高校应当坚持立德树人的德育目标，在遵循"三个统一"原则的基础上，从提高道德素养、完善内容方法、优化校园环境等方面探索厚植少数民族大学生家国情怀的实践路径，培养热爱祖国的新时代少数民族人才，维护民族团结，促进社会和谐稳定。

在古代中国，国家为皇室所有，即所谓的"家天下"。中国历史是一部放大了的家族史。家国情怀是维系各民族团结的重要精神纽带，是一种心系故土的深厚情愫，是对祖国人民、祖国发展的关切，是在国家危难时刻始终以国家和民族利益为先的大爱，是对祖国优秀文化的自信，是对祖国人民的宝贵精神品格、价值追求与思想精华的高度概括。从本质上来说，家国情怀是一种命运共同体意识，是个人对国家的认同感、归属感、责任感、使命感的表现，是个人期待国家富强和民族兴旺的美好愿望，是实现中华民族伟大复兴的最高追求。

一、厚植少数民族大学生家国情怀的价值

（一）增强少数民族大学生的国家认同与文化认同

大学阶段正是大学生塑造"三观"的重要时期，循序渐进的家国情怀教育对增强少数民族大学生的国家认同和文化认同具有直接的引导作用。在多元文化相互交融、互联网信息瞬息万变的复杂形势下，厚植家国情怀有助于少数民族大学生坚定对党、对国家、对中华民族文化的认同，有助于其树立正确的人生观、世界观、价值观，有助于加强大学生的命运共同体意识。通过加强家国情怀教育，能够让他们更加深入地理解中华文化的内涵，对中华文化产生亲切感和归属感，自觉提高对党和国家的认同与拥护程度，在学习和参与社会实践的过程中产生的主人翁意识。这些直接关系到我国少数民族地区的繁荣稳定与长治久安。

（二）铸牢少数民族大学生的中华民族共同体意识

党的十九大报告强调"要全面贯彻党的民族政策，深化民族团结进步教育，铸牢中华民族共同体意识，加强各民族交往交流交融，促进各民族像石榴籽一样紧紧抱在一起。"铸牢中华民族共同体意识，是解决当前民族问题

的关键，是深化民族团结的重要抓手，是实现中华民族伟大复兴的基础。民族团结教育是高校思想政治教育的重要内容之一。家国情怀作为中国传统文化的精髓，是一个国家发展和人文素养集中体现的"核心价值观"，是民族团结教育的重要内容，是民族凝聚力的重要精神支柱。"三个离不开"思想强调，"一体包含多元，多元组成一体，一体离不开多元，多元也离不开一体，一体是主线和方向，多元是要素和动力，两者辩证统一。"在新的时代背景下，厚植少数民族大学生的家国情怀是振奋民族精神、增强中华民族凝聚力的重要途径。

二、少数民族大学生家国情怀教育中存在的问题

（一）少数民族大学生作为教育对象本身，缺乏自觉性

我国是一个多民族的国家，各个少数民族地区都有自己独特的地理环境、传统文化和风土人情。少数民族大学生大多来自偏远地区，存在家庭物质经济条件有限、语言沟通困难等问题，这导致他们存在一定程度的理想信念模糊、自立自强意识不强、心理敏感脆弱等问题，在集体活动中则表现为缺乏主动性。一些少数民族大学生对祖国地理知识、历史文化缺乏清晰的了解，往往因为受到本民族文化传统、生活习俗等因素的影响，乡土情结浓厚、性格内向，在交际方面不愿意过多接触其他民族的老师与同学，难以把握集体与个人、集体意识与个体意识的辩证关系，缺乏认知自觉与责任自觉，使他们不能从整体上建立起国家和民族的观念，难以建立起共同的价值理念，从而影响其家国情怀的培育。

（二）家国情怀教育的内容和方式缺乏针对性、创新性

当前，少数民族大学生家国情怀教育的课程设置相对单一，内容缺乏针

对性,未能融合少数民族的文化特点,也没有将家国情怀教育的内容渗透到专业课的教学与日常课外活动的组织中,无法形成教育合力。再加上照本宣科的教学模式,难以调动起少数民族大学生的学习热情,不利于强化少数民族大学生的家国情怀实践能力。此外,少数民族大学生家国情怀教育的方式较为单一,缺乏创新性。当前高校对少数民族大学生的家国情怀教育以课堂教学为主,社会实践相对较少,忽视了对新媒体的运用,这不利于少数民族大学生的思想进步,也不利于帮助少数民族大学生将家国情怀转化为实践活动。

三、厚植少数民族大学生家国情怀的原则

(一)坚持传统性与时代性的有机统一

厚植少数民族大学生的家国情怀,需要站在国家历史文化的传承的基础上进行个性化的探究。传统性要求少数民族大学生深入了解我们伟大祖国的灿烂文化,使他们能够结合时代与社会发展要求,坚持马克思主义理论为指导,将传统与创新相结合,继承和弘扬中华优秀传统文化、中华民族传统美德。高校思想政治教育应当以中国传统文化为基础,对其中有关家国情怀的内容加以深入挖掘和客观评价,引导大学生立足中国传统文化,博采众长。时代性表现在积极利用时代条件、培育内容突出时代特征、培育方法要融入现代元素三个方面。首先,在新的时代背景下,政府部门应贯彻落实"四个全面"战略布局,要重视创新、绿色、共享、协调、开放等发展理念。实现政治清明、干部清正、政府清廉的政治生态建设持续推进,促进生态文明良性发展。这些新的时代变化,为高校培育少数民族大学生的家国情怀提供了充实的物质与文化资源。其次,家国情怀的培育内容要突出时代特征,要

深入学习贯彻习近平新时代中国特色社会主义思想。高校可以根据国家的大政方针和发展计划，创设具有时代意义的教学内容，引导大学生在国际视野内提升对人类命运共同体的关怀。最后，培育方式要融入现代元素，要符合网络化、信息化的时代特征。

（二）坚持系统性与针对性的有机统一

目前，无论是高等本科院校还是高等职业院校，都拥有自己的思想政治课教材体系和与之对应的教育资源。从传统育人的角度来看，很多高校在思想政治教学中都非常注重模块化教学模式和思想政治教学体系的完整性，这就为在少数民族大学生中开展系统的家国情怀理论教育打下了良好的基础。但是，进入新时代以后，面对多元文化的冲击、传统观念的局限性等现实问题，高校还应当根据实际情况开展有针对性的教育。如经济全球化削弱了民族、国家地域层面的概念，冲击着少数民族大学生的价值观，影响了他们对家国情怀的理解。新时代少数民族大学生应当如何看待这些问题、如何自省，都是高校在家国情怀教育中应当面对的问题。针对目前的实际情况，家国情怀教育不应仅停留在对传统知识的解读上，更有必要运用正确的价值观引导少数民族大学生理性看待现实社会中出现的一系列问题。针对少数民族大学生的特点与容易产生的问题，引导他们建立社会责任感与历史使命感，将个人成长成才与国家繁荣发展密切联系起来。

（三）坚持民族性与开放性的有机统一

加大对少数民族大学生家国情怀的培育力度，不仅体现了对民族性的守护，更符合稳步发展的要求。高校的家国情怀教育，不应仅仅局限在传统文化、各民族文化的建设方面，更要引导少数民族大学生在不忘初心的前提下放眼世界。也就是说，高校也要培养他们的国际视野。这就要求高校在少数民族大学生的家国情怀培育过程中，一方面要立足于各民族的优秀区域文化、整个中华民族的优秀传统文化；另一方面又要以开放包容的态度汲取人类优秀文明成果，学习其他国家大学生的爱国精神，学习他们先进的理论并加以创造性地运用。与此同时，培育新时代少数民族大学生的家国情怀也必须从我国的实际情况出发，在坚守民族性的同时展现开放性，在兼容并蓄的同时防止自我迷失，实现民族性和开放性的有机统一，培养既具有家国情怀，又具有世界眼光的社会主义建设者和接班人。

四、厚植少数民族大学生家国情怀的路径

（一）培养教育对象的家国情怀

第一，增强教育对象的文化认同感。少数民族大学生是家国情怀教育的对象，增强少数民族大学生的文化认同感是培育少数民族大学生家国情怀的根本前提。家国情怀教育的一个重要内容就是要让少数民族大学生认同国家、认同家乡、认同优秀的传统文化。增强少数民族大学生的文化认同感就是要增强他们对中华民族历史文化的认知，以及对中国共产党及其思想理论的认知；增强少数民族大学生的责任担当意识就是要增强他们自觉践行中华民族共同体意识的高度责任感与历史使命感。这就要求高校在日常教学和管理中融入丰富的传统文化内容，使少数民族大学生认识到正是因为有了各民族的沟通交流，有了优秀民族文化与地域文化的融合，才使我国多元一体化的格局得以确立，以此激发少数民族大学生的身份认同、文化认同与责任担当意识，促使他们对中华文化多元一体格局的主动、自觉维护。

第二，关注教育对象身心发展的客观需求。一些偏远的少数民族地区，由于经济、文化等方面发展较为缓慢，很多少数民族大学生在进入大学之前

很少或者根本没有接触过英语、网络等，在祖国经济飞速发展的信息化时代，基础知识和基本能力的欠缺对个人的发展会产生不良的影响，这就需要他们在大学生活中花费更多的时间与精力去学习新的文化知识、掌握新的技能。一些少数民族大学生性格内向，不愿意与人交流，或是因为语言不通与他人沟通困难；还有一些少数民族大学生，对政治理论、民族政策等方面学习了解不够，政治理论素养有待提升。这就要求高校在家国情怀教育的过程中关注少数民族大学生身心发展的客观需要，关注少数民族大学生在学习中的困难，及时纠正他们由于基础知识欠缺、语言交流困难造成的消极怠惰的心理和敷衍应付的行为。教育者要通过换位思考，了解少数民族大学生在思想建设、沟通交流等方面的身心需求，提供适当的引导、帮助等。

（二）完善家国情怀教育的内容方法

第一，完善教学体系。通过加强高校思想政治教育工作来培育少数民族大学生的家国情怀，要将家国情怀融入高校思想政治教育中来，首先必须完善家国情怀的教育教学体系。一是要把握好课堂教学的主渠道作用。积极创新，构建思想政治教育理论课与专业课的协同教育模式，结合不同课程的教育资源，改善教学方法。二是要完善教材体系。要对原本的教材体系进行合理优化，以教材为抓手，先确定核心的教学内容，再根据少数民族大学生本专业的学习与就业特点，从职业道德及社会对人才的素质要求上，对课程体系（选修或必修）做出调整，进一步拓展少数民族大学生的学习视野。内容上可以考虑围绕责任担当意识、家国命运共同体的价值、社会发展热点、家国情怀的情感教育等几个方面展开。三是形成育人合力。这就要求高校思想政治工作者，还有各职能部门都必须充分发挥积极性和主动性，努力参与到厚植新时代少数民族大学生家国情怀的工作中来，提供政策、资金、技术、人才等多方支持，形成一股综合力量，切实有效地厚植少数民族大学生的家国情怀。

第二，创新社会实践。马克思指出，实践是社会生活的本质所在，也是认识的起源，更是产生科学理论的基础。传统的家国情怀实践，主要通过小组辩论、课堂作业、翻转课堂式教学等方式促进少数民族大学生个性化发展，提升学生的理论学习能力，提高他们的文化认同感。社会实践是高校培养人才的重要方式，社会实践是厚植少数民族大学生家国情怀的重要环节。通过社会实践，能够进一步加深少数民族大学生在家国情怀内容方面的理解，从而实现知行统一。可以利用中华民族传统节日的契机，在不同的节日开展不同的文化宣传活动。如在端午节开展爱国主义教育，在重阳节开展关爱孤寡老人的活动等，让少数民族大学生在节日氛围中感受家国情怀。高校还可以积极寻求社会相关部门的合作，广泛开展学习红色文化、支农支教、服务民生、生态环保、就业创业等方面的志愿者服务工作，让少数民族大学生在社会志愿者服务和实践中了解国情、民情，培养少数民族大学生的家国情怀。还可以利用寒暑假及实习期带领少数民族大学生开展社会实践，提高少数民族大学生在志愿者服务与社会实践方面的个人能力。使其在服务社会与他人的过程中，在实现个人价值的同时，产生历史使命感和社会责任感，由此提升个人的家国情怀。

总之，新时代已经到来，高校必须更加重视思想政治教育，厚植少数民族大学生的家国情怀，促使广大少数民族大学生为国家建设贡献力量，促使其加入建设中国特色社会主义伟大事业中来，将个人价值与国家价值的统一内化于心，坚定理想信念，把控好人生方向，为实现"中国梦"贡献自己的力量。

第四章　新时代文化发展
与大学生的家国情怀

第一节　红色文化培育大学生的家国情怀

2019 年 4 月 19 日，中共中央政治局第十四次集体学习时强调："要加强对'五四运动'和'五四精神'的研究，深入揭示新时代发扬'五四精神'的意义和要求，深入研究五四运动倡导的爱国、进步、民主、科学思想对实现中华民族伟大复兴的中国梦的重大意义，使之成为激励人民奋勇前进的精神力量。"纪念"五四运动"100 周年大会上的重要讲话也指出："新时代中国青年，要有家国情怀，也要有人类关怀，发扬中华文化崇尚的四海一家、天下为公精神，为实现中华民族伟大复兴而奋斗"，同时强调："新时代中国青年要继续发扬'五四精神'，以实现中华民族伟大复兴为己任，不辜负党的期望、人民期待、民族重托，不辜负我们这个伟大时代"。由此可见，研究并传承"五四精神"，培育新时代大学生的家国情怀，对激励广大青年学生锤炼优良品格、勇担民族复兴重任，为建设社会主义现代化强国而奋斗具有重要意义。

一、"五四精神"与家国情怀的内涵

"五四"精魂,穿越百年。"五四运动"是由先进青年知识分子为先锋、广大人民群众参与的,为拯救民族危难、捍卫民族尊严、凝聚民族力量而进行的一次彻底的、反帝反封建的伟大爱国革命运动。它孕育了以"爱国、进步、民主、科学"为主要内容的伟大五四精神,其核心是忧国忧民、热爱祖国、积极创新、探索科学的爱国主义精神。爱国,就要忠于祖国、忠于党、忠于人民,甘愿为国家和民族利益牺牲一切,体现高尚的家国情怀。忧国忧民的爱国主义是"五四精神"的源泉,"五四精神"是经过一代代中华儿女的努力汇聚而成的、共同的价值追求和理想信念,是升华了的爱国主义。新时代的爱国主义必须紧紧围绕实现中华民族伟大复兴这个奋斗目标,加强大学生爱国主义教育,引导青年学生把个人命运与国家民族的命运紧密联系在一起,坚定理想追求,增强责任担当意识,坚持不懈奋斗,积极为建设社会主义现代化强国贡献力量。

家国情怀是指将个人命运与国家、民族的命运连接在一起,作为一个共同体,并为其努力奋斗的一种民族情怀。其内涵主要体现在三方面:一是家国情怀是一种不忘初心、牢记使命的时代责任,也是中华民族优秀传统文化的精髓,其核心内容就是爱国、奉献、担当的精神;二是家国情怀体现了个人对家庭、故乡的情感,更体现了对国家的深切热爱,要通过个人努力不断提升自身修养,最终为国家做出贡献;三是家国情怀是个人情感的凝聚,是一个人的立身之本,也是践行社会主义核心价值观的体现,是内化于心、外化于行的情怀。

2019 年春节团拜会提出:"我们要在全社会大力弘扬家国情怀,培育和践行社会主义核心价值观。"传承"五四精神"，就是要发扬伟大的爱国主义精神，提倡爱家爱国相统一，自觉把个人理想追求同国家发展联系在一起；就是要善于从优秀传统文化中汲取精神营养，引导青年学生锤炼道德品质，勇担时代使命，实现精彩人生。

二、传承"五四精神"是厚植新时代大学生家国情怀的重要途径

"五四运动"中所表现出来的爱国主义精神，是中华民族团结奋斗、自强不息的精神纽带，是爱国主义优良传统的延续。对新时代中国大学生而言，承担起建设社会主义现代化强国、传承中华文明的历史使命，是义不容辞的历史责任。这就需要继续发扬"五四精神"，厚植新时代大学生家国情怀。

（一）传承"五四精神"是厚植大学生家国情怀的精神动力

厚植大学生的家国情怀，就要心系国家命运，引导新时代大学生将自身发展融入国家发展过程中。"五四精神"最核心的表现就是个人命运与国家民族的命运休戚与共的爱国主义精神，也是引导新时代大学生展现青春风采、助力中华民族伟大复兴的精神动力。传承"五四精神"有助于引导大学生将国家发展与个人的发展融合在一起，将个人的命运与国家的命运联系在一起，以国家利益为重，强化责任担当意识，为实现中华民族伟大复兴的"中国梦"不懈奋斗。

（二）传承"五四精神"是厚植大学生家国情怀的力量源泉

要厚植家国情怀，就要牢记历史使命。"五四精神"是实现中华民族伟大复兴的中国梦的重要精神动力，是新时代大学生必须学习的重要内容。对新时代大学生而言，大学阶段是确立世界观、人生观和价值观的关键时期。

在这一时期，新时代大学生既面临着难得的自我实现的人生际遇，也肩负着实现中华民族伟大复兴的中国梦的重任。高校必须加强"五四精神"教育，强化对家国的认同，将历史使命铭记于心，产生"时不我待"的历史紧迫感。

（三）传承"五四精神"是厚植大学生家国情怀的使命

厚植家国情怀，就要勇于担当使命。在新的时代背景下，厚植家国情怀首先要将爱国主义精神转化为实际行动，号召广大青年学生积极进取，为实现国家发展的宏伟目标努力奋斗。高校是意识形态工作的前沿阵地，肩负着为国家和社会培养社会主义建设者和接班人的责任。新时代大学生要将个人与祖国命运联系起来，将个人理想信念融入建设社会主义强国的奋斗目标中，将理想转化为实际行动，勇于创新、努力奋斗、提高自身综合素质，成为兼具家国情怀和国际视野的社会主义建设者。

三、传承"五四精神"，培育新时代大学生家国情怀的路径思考

（一）提高认识，重视"五四精神"传承与大学生家国情怀的培育

一是高校要提高认识，大力弘扬"五四精神"。高校要加强对新时代大学生家国情怀的培育，制订专门的教学方案，设置专门的课程，配备专门的师资，从体制上入手，加强对"五四精神"的传承与家国情怀的培育。二是鼓励大学生提高责任意识，践行"五四精神"与家国情怀。面对新时代、新任务、新要求，要鼓励大学生弘扬"五四精神"，牢固树立家国情怀，将爱国主义精神转化为自身发展的精神动力和力量源泉。三是鼓励大学生努力增强本领，勇于担当。新时代大学生担负着国家昌盛、民族复兴的历史重任，

勤于学习、勇于担当、甘于奉献是对每一位大学生的具体要求。因此，要鼓励大学生努力学习、增强本领、掌握必备的技能，严谨求实、脚踏实地，学以致用、知行合一，为成才、成功努力奋斗，把所学所思落实到实现中华民族伟大复兴的"中国梦"的实际行动中。

（二）因材施教，丰富"五四精神"传承与大学生家国情怀培育的内容

一是要拓展教学内容。高校要拓展弘扬"五四精神"及家国情怀方面的课程内容，不能仅局限于思想政治教育课的教学内容，同时，还要设置专门的课程，拓宽知识面，并融入实践内容。二是要因材施教。高校可以根据不同专业、不同年级学生的学习特点，整体设计课程内容，并区分层次，系统推进。以弘扬爱国主义精神、培育家国情怀为核心内容，着力提高大学生的道德品质，培育理想人格，提升综合素质。三是转变培育形式。高校要冲破以往传统课堂教学的培育形式，调整当前的课程体系、教学模式和学习方式。要充分利用学校社团、学生组织以及社会资源，组织开展各类弘扬"五四精神"、培育家国情怀的教育、研讨活动。如弘扬"五四精神"及家国情怀的培训会、演讲比赛、辩论赛、知识竞赛等活动。同时，结合大学生社会实践，丰富家国情怀培育的教学形式。

（三）加强师资，发挥高校教师言传身教的作用

当前，高校普遍缺少专门从事家国情怀培育的师资力量，仅仅是通过由思想政治课教师在课程中增添相关内容的方式进行传授，师资力量相对较薄弱。因此，要加强师资力量，充分发挥高校教师言传身教的思想引领作用。一方面，高校应积极组织教师参加各类培训，多为教师提供培训学习的机会，在各专业培训中增添"五四精神"及家国情怀培育的相关内容，或采取专门

培训的方式，如长短期培训、进修、交流学习、举办各类讲座等方式，还可以借鉴外校经验，引入前沿教育资源等。另一方面，要加强学术研究。高校应针对"五四精神"及家国情怀培育相关思想政治教育方面的内容，成立课题组、学术研讨小组等，确定课题研究方向，鼓励教师积极参与相关课题研究，提升学术水平，以便做好教学工作。此外，也要鼓励教师提升自身政治素养。高校教师承担着引领大学生思想的责任，理应发挥自身言传身教的作用，为此，就要加强个人思想政治方面的学习，提高政治素养，将"五四精神"及家国情怀培育融入日常专业教学中，进行学科渗透，从而增强教学效果。

（四）创建平台，营造良好的文化育人氛围

高校要充分发挥意识形态前沿阵地的作用，创建并利用各种文化平台，在学校营造良好的文化育人氛围，构建文化育人环境。一方面，高校要创建思想政治课程与专业课程的融合平台，充分利用高校思想政治理论课程的主渠道作用，创建思想政治与科学文化课程融合的教育体系，发掘各学科专业课程中有关"五四精神"及家国情怀的教学资源，注重思想政治引领及文化品格的塑造，将专业课程与思想政治教育二者进行有机地融合。另一方面，高校要创建传统文化网络平台。作为国家未来的建设者，大学生是传承中华民族优良传统文化的主要力量。高校要充分利用思想政治课程平台，创建中华优秀传统文化网络平台，开展各类传统文化教学活动，传承和弘扬中华民族传统文化。鼓励大学生提升自身传统文化素养，将其中的家国情怀内容融入日常生活中，提升文化自信、传承优秀文化传统，营造良好的传统文化学习氛围。另外，高校也要通过创建各类新媒体平台，如微博、微信公众号、微信、QQ群等，引导大学生弘扬"五四精神"，培育家国情怀。同时，利用

学习互助小组、兴趣小组、研究小组等形式，将培养社会主义新人的目标、严谨认真的态度、无私奉献的精神转化为学生的自觉追求，加强大学生对"五四精神"及家国情怀传承的认识。

（五）增强实践，将实践教学融入人才培养的对接机制

为增强理论教学效果，高校要创建实践教学与理论教学协同机制，开展一系列丰富多彩的教学实践活动。第一，高校要开展各类调研活动。高校应鼓励并组织大学生开展各类调研活动，通过深入生产一线等途径，进一步使大学生了解国情和民生，走到群众身边，倾听现实声音，发现问题，并在撰写报告的过程中思考解决措施，从而培养大学生的爱国主义精神和历史使命感，培育大学生的家国情怀。第二，高校要将实践教学融入人才培养机制，要大力推进"产、学、研"深度融合，即将实践教学与科学研究深度融合，探索创新链、人才链、产业链三者的对接机制。同时，将高校人才培养机制与国家战略、前沿技术和重大发展工程有效对接，开展各类高精尖工程创新研究及人才培养试验，构建创新研究与教学实践的融合平台，整合校内外多方资源，从体制和管理模式入手，为学生提供实践的机会，使大学生在日常学习、服务社会和具体实践活动中开阔视野、增强本领、磨炼意志，做到知行合一。第三，高校要积极开展思想道德实践活动。高校可以利用学校思想政治教学资源及社会相关培训课资源，为学生提供一系列实践机会，并鼓励大学生参加社会的志愿者服务，激励大学生实现自身价值和远大的理想抱负，提高责任担当意识，树立正确的价值观，培养家国情怀和民族品格。第四，高校要为学生提供一系列接受红色教育和爱国主义教育的机会，充分利用博物馆、红色教育纪念馆、图书馆、艺术馆等社会资源，为大学生提供感受中国传统文化、民族精神的机会。高校教师要发挥模范引领及榜样示范作

用，提高大学生政治素养、文化品位，弘扬优秀文化传统及民族精神，培育大学生的文化认同感及家国情怀。

新时代大学生不仅要发扬"爱国、进步、民主、科学"的"五四精神"，还要从内心根植家国情怀，主动承担起新时代所赋予的历史使命。高校肩负着引领大学生思想和为社会主义现代化强国培养合格接班人的重任，因此，要提高认识，重视"五四精神"与家国情怀的教育作用，丰富"五四精神"与家国情怀的内容，加强师资力量，创建各类平台，营造良好的文化氛围。同时，要加强实践，实现实践教学与人才培养的对接，从而将"五四精神"与家国情怀根植于大学生心中，成为新时代大学生建设祖国的精神动力。

第二节　地方历史文化涵养大学生的家国情怀

大学生是中国特色社会主义事业的接班人和建设者，在中华民族伟大复兴的历史进程中，当代大学生深厚的家国情怀是实现中国梦的重要精神动力。涵养新时代大学生的家国情怀，使大学生心怀爱国之情、报国之志，是新时代思想政治理论课的教学目标。

一、新时代大学生家国情怀的时代内涵

家国情怀，是一个人对家庭、对社会、对国家、对民族表现出来的深厚情感，是对家庭、社会、国家、民族的前途命运所体现出来的使命意识和责任担当，蕴含着个人对祖国的一种高度认同感和归属感，是责任感和使命感的集中体现，是对国家强盛、民族振兴、社会和谐、人民幸福的理想追求。家国情怀在不同意识形态、不同的时代背景下，具有不同的内涵。新时代的

青年大学生，是实现中华民族伟大复兴的先锋力量，应该有符合时代需要的家国情怀。

（一）中华历史文化中的家国情怀

家国情怀是几千年来根植于中国人内心深处的精神元素，是中华优秀传统文化的基本内涵和宝贵的精神财富，是一种崇高的共同情感，是一种高尚的思想信念，是一代又一代中华儿女的道德追求和理想抱负。

中国儒家文化中的家国情怀集中体现为"修身、齐家、治国、平天下"，源于《礼记·大学》中的叙述："古之欲明明德于天下者，先治其国；欲治其国者，先齐其家；欲齐其家者，先修其身。"《礼记》中的"修身、齐家、治国、平天下"，范仲淹的"先天下之忧而忧，后天下之乐而乐"，张载的"为天地立心，为生民立命，为往圣继绝学，为万世开太平"，陆游的"位卑未敢忘忧国"，顾炎武的"天下兴亡，匹夫有责"，林则徐的"苟利国家生死以，岂因祸福避趋之"，辛亥革命者的"亟拯斯民于水火、切扶大厦之将倾"，这些都是家国情怀在不同时代的经典表达。家国情怀在中华民族波澜壮阔的历史进程中生生不息、代代相传，也是新时代青年大学生应该具有的精神追求。家国情怀在新时代青年大学生身上具体体现为两个层面的内涵：一是对家庭的担当和责任，对亲人、朋友的关怀和爱护，进而推己及人，即"家是最小国"，这是家国情怀的基础；二是投身国家发展、民族振兴的事业中，胸怀对祖国和人民深厚的感情，以国家利益为先，即"国是千万家"，这是家国情怀的升华。

（二）以实现中华民族伟大复兴为己任的时代内涵

一代人有一代人的使命，一代人有一代人的担当。近代以来，随着帝国主义的入侵，中华民族深陷危机当中。争取民族独立和人民解放，实现中华民族伟大复兴，成为中华儿女的百年夙愿。一代代仁人志士满怀对祖国和民族的深厚感情，保家卫国、前赴后继，为中华民族伟大复兴无私奉献，为祖国献身、为幸福生活奋斗，时刻以国家利益为重。广大具有家国情怀的中国青年积极投身中国共产党领导的革命、改革和建设事业，中华民族迎来了从站起来、富起来到强起来的伟大飞跃。实现中华民族伟大复兴的"中国梦"理应是新时代青年大学生最深厚的家国情怀。

（三）大学生的家国情怀在新时代的具体体现

在新的时代背景下，中华民族迎来新的历史机遇。全面建成小康社会，实现国家富强、人民幸福的中华民族伟大复兴，是最伟大的"中国梦"，也是每一个青年大学生的梦。

当代青年大学生要志存高远。新时代青年大学生首先应以民族复兴为己任，以国家利益为先。不拘泥于个人的眼前利益，牢固树立家国同构的意识，增强对家国情怀的认同感，忠诚于党，勇担时代赋予的历史使命，把个人的理想追求与国家的前途命运紧紧联系在一起，在全面建成小康社会和实现中华民族伟大复兴的进程中施展个人抱负，实现人生价值。当代青年大学生要脚踏实地，立足当下，建功立业。要在具体的学习生活中强化责任担当意识，从小处着眼，增强本领，陶冶情操，坚定信念，做目光长远、胸怀祖国的新时代大学生，为国家富强、民族振兴、社会和谐、人民幸福努力拼搏，为中华民族伟大复兴不懈奋斗。

二、地方历史文化涵养大学生家国情怀的教学探索

家国情怀是中华优秀传统文化的宝贵精神财富，是中华民族历经磨难而生生不息的重要精神支柱，是中华民族伟大复兴的强大精神动力。同时，

地方历史文化对涵养新时代大学生的家国情怀具有重要的现实价值。

（一）高度重视地方历史文化涵养家国情怀的重要功能

历史是最好的教科书，历史是最好的老师。清代龚自珍在《古史钩沉论》里说："欲知大道，必先为史"。历史关乎国家命运、关乎民族未来，中华文化能传承数千年与中华民族历来重视治史的优良传统密切相关。历史这个最好的"老师"需要通过历史的物质载体来发挥育人作用，使大学生直观地接触到生动、形象、具体的历史人物和历史事件，从而感受历史的魅力。高校所在地的历史文化是最便于大学生直观感受、深入接触、切身体会的历史资源，这些地方的历史文化从不同角度记录着中华民族的历史发展规律及历代治乱兴衰的经验教训，对新时代大学生具有深刻的教育意义。

每一所高校的所在地，都有一定的地方历史文化资源。或人物、或事件、或场所，无不在大学生家国情怀培育中起着重要的作用。充分挖掘地方历史文化资源，并恰当运用于思想政治理论课教学中，涵养新时代大学生深厚的家国情怀，是培养中国特色社会主义事业建设者和接班人课题的重要方法。

（二）把地方历史文化引入思想政治理论课

思想政治理论课是涵养大学生家国情怀的主阵地和主渠道，在思想政治课教学中充分利用高校所在地的地方历史文化资源，培养胸怀祖国和人民的中国特色社会主义建设者，是思想政治课教学改革的重要实践探索。将地方历史文化引入思想政治理论课课堂教学，要在课前、课上、课后各环节下功夫。

首先，要做到课前充分准备。每一个地方都有一定数量的历史文化资源，我们要充分挖掘和利用这些资源。以绍兴市为例，绍兴具有两千五百多年的历史，具有极其丰富的历史文化资源，在增强思想政治课教学效果、培育大学生的家国情怀方面的作用不能忽视。在备课环节，就要充分关注、深入了解地方历史文化，使其能够顺利走进课堂教学。符合课堂教学理论内容的地方历史文化有哪些、哪些最能有助于教学目标的达成、将以何种形式引入课堂、从哪些角度辅助增强理论教学效果……教师都要精心设计，反复推敲，恰当选材。同时在课前对当地的历史文化进行必要的关注和了解，为课堂教学做好准备。

其次，要达到预计的教学效果。地方历史文化走入课堂，既要选好内容，又要用好形式。以绍兴市为例，绍兴地方历史文化资源丰富，历史名人、历史事件、历史古迹、历史场所众多。如为治理洪水"三过家门而不入"的大禹，"位卑未敢忘忧国"的爱国诗人陆游，"俯首甘为孺子牛"的民主战士鲁迅，"亟拯斯民于水火"的辛亥革命者秋瑾、徐锡麟等。在时间有限的课堂教学中，必须精选最能辅助理论的教学内容、最能激发大学生爱国情怀的教学资源，以最大限度地实现教学目标。同时，要恰到好处地引入地方历史文化，避免生搬硬套，牵强附会。设置"历史文化进课堂"环节，通过向学生介绍、展示等方式引入地方历史文化，通过讲、看、议等方式感受历史人物和历史事件中蕴含的爱国主义精神，使大学生被激励、被启发、被感染、被熏陶，从而达到"春风化雨、润物无声"的效果，涵养大学生深厚的家国情怀。

最后，要做到课后反复回味。有限的课堂教学时间对地方历史文化的感知和了解不够深入，教师要让学生在课后对相关人物、事件做进一步深入了解，反复回味，进一步巩固课堂教学效果。

（三）引导大学生在课外实践活动中走进地方历史文化

地方历史文化资源的优势之一就是可以让大学生近距离接触。前往地方历史、文化遗址所在地，直观感受蕴含其中的深厚历史文化底蕴，这是涵养大学生家国情怀的重要方法。

引导大学生通过社会实践等形式，走进名人故里、纪念馆、博物馆和历史遗迹等，近距离感受地方历史文化。泽被后世的报国壮举，感人至深的英雄事迹，都蕴含着深厚的家国情怀。大学生走进鲁迅故里、大禹陵、徐锡麟故居、秋瑾故居、蔡元培故居、马寅初故居、周恩来祖居、沈园、兰亭等地方历史古迹，倾听历史故事，感受深厚的家国情怀。通过耳濡目染、亲身感受，大学生的爱国之情、报国之志会油然而生，进一步增强马克思主义信仰、增强中国特色社会主义道路自信、增强中华民族伟大复兴的信心，在具体学习生活中增强民族自豪感。

三、地方历史文化涵养大学生家国情怀的三个重点

地方历史文化在培育大学生家国情怀的过程中有不可替代的作用，其效果也不容忽视。在运用地方历史文化涵养大学生家国情怀的教学实践中，要特别注重对爱国之情、报国之志、艰苦奋斗精神的培养。

（一）爱国之情

爱国之情是家国情怀的基础。热爱祖国，胸怀天下，是家国情怀的最高境界，也是全面建成小康社会、实现中华民族伟大复兴的强大精神动力。家国情怀内涵的第一个层面是对亲人的责任，第二个层面是对国家和民族的责任。历史证明，没有国就没有家，没有繁荣强盛的祖国就没有团圆幸福的家庭。对新时代大学生而言，深厚的爱国主义情怀是心之所系、情之所归，热爱祖国是青年学生的立身之本、成才之基。培育大学生的家国情怀，要特别注意引导大学生坚定社会主义信仰，坚定"四个自信"，做到"两个维护"，

厚植大学生爱国、爱党、爱社会主义的情感，从而立志报效祖国。

（二）报国之志

责任和担当是家国情怀的精髓。建设社会主义现代化强国，实现中华民族伟大复兴，需要一代又一代青年人不断地奋斗。厚植大学生的家国情怀，要通过地方历史名人和历史事件，引导大学生树立为国家富强而奋斗的远大理想，激发为民族复兴而奋斗的责任担当，胸怀"自信人生二百年，会当水击三千里"的豪情壮志。青年大学生肩负着民族复兴的历史重任，承载着国家的前途、民族的希望。运用地方历史文化涵养大学生的家国情怀，要特别注意引导他们胸怀报国之志，在大学生活中坚定理想信念、培养高尚品德、珍惜宝贵时光、刻苦学习。

（三）艰苦奋斗的精神

奋斗是青春最亮丽的底色。在全面建成小康社会的关键阶段里，需要靠青年一代来完成中华民族伟大复兴的历史进程中一系列艰巨的任务。青年大学生要胸怀爱国之情、报国之志，还要具有艰苦奋斗的精神。运用地方历史文化厚植大学生的家国情怀，要以地方历史人物和事件激发大学生投身社会主义建设中，把个人理想和人生价值的实现融入国家富强、民族复兴的伟大实践中。大学生正处在长知识、长本领的关键阶段，要以地方历史人物和事件来引导新时代青年大学生珍惜大学生活、增强学习紧迫感、提高人文素养、锤炼高尚品格、苦练强国本领、提高个人能力，为大学生投身于社会主义现代化建设奠定思想基础。

第三节　形势与政策教育涵养大学生的家国情怀

形势与政策教育是大学生思想政治教育的重要内容和重要环节，是大学生思想政治教育中重要的组成部分。形势与政策教育不同于一般的思想教育、道德教育或法治教育，而属于政治教育范畴。当前，高校形势与政策教育的成功经验、创新成果不断涌现，但是，部分大学生对形势与政策教育的认同感不强、参与的积极性不高。因此，高校形势与政策教育的实效性有待提高。

一、大学生的家国情怀是形势与政策教育取得实效的关键

由于当前我国正处在新媒体时代和历史性变革时期，各种思想和观点通过不同途径和方式呈现在大学生面前。再加上社会阅历、认识水平和辨别是非能力的局限，一些大学生可能会在这种复杂局面中迷失自我。因此，加强形势与政策教育对大学生健康成长有着十分重要的意义。

当前，大学生对形势与政策教育普遍缺乏应有的热情，造成这种现状的原因有以下几个方面：从根源上看，一些大学生以自我为中心，认为形势与政策教育的内容对个人发展没有实际用处。无论教学设计如何巧妙、讲解如何精彩，这些外因必须通过学生的内因即学生的情感认同，才能起作用。如何将大学生以自我为中心引导到以国家利益为先，是形势与政策教育面临的一个重要课题。革命年代已成为过去，投笔从戎不再是急迫课题。我们需要重新判断作为个体的人在国家、社会、家庭里的地位和价值，使个人与国家、社会、家庭共同发展，使家国情怀的培育成为现实中的选择。

家国情怀是"家"的情怀和"国"的情怀的有机统一。"家"的情怀就是对家庭、亲人的责任与关怀，这属于自我的范畴；"国"的情怀就是对国家、社会发展的关心与责任，这属于超越自我的范畴。由于血缘和养育关系，一个人的"家"的情怀可以自然形成。但是，一个人的"国"的情怀并不是天然形成的，而是在"家"的情怀基础上通过不断培养而形成的。一个人的"家"的情怀与"国"的情怀之间具有一定的张力。如果一个人的心中只有自己和家庭，不顾及对国家和社会应承担的责任，就谈不上有家国情怀。家国情怀的逻辑起点是自我的"小家"，通过培育来实现超越自我，由家到国，发展成爱国主义精神。家国情怀的价值取向是顾家不忘国，是对个人主义观念中自我的超越。家国情怀也不同于爱国主义，是由自我走向爱国主义的桥梁。

客观上讲，大学生对形势与政策，特别是新近发生的国内外大事，或多或少都会有所关注。但是，更为重要的是，他们站在什么样的立场、带着什么样情感去评论形势、理解政策及做出选择。家国情怀将家的情怀与国的情怀统一起来，并且为大学生的爱国主义精神奠定了更为扎实的情感基础。在形势与政策教育中，只要大学生心中有家国情怀，就会自觉地站在正确的立场上，以良好的情感和积极的态度去对待形势与政策教育。因此，大学生的家国情怀是形势与政策教育取得实效的关键。

二、培育大学生的家国情怀是形势与政策教育的价值追求

形势与政策课程的教学内容由稳定性内容和变动性内容构成，其课程体系由三个部分构成，即基本理论、基本形势和热点问题。其中基本理论的

内容是相对稳定的，基本形势的内容有一定的变动性，热点问题变动性较大。从教学内容上看，形势与政策课程最主要的特点是变动内容多，稳定内容少。

对大学生而言，接受形势与政策教育，除了考试成绩与学分这种现实功利价值之外，对于形势与政策教育的终极价值不够明确，导致形势与政策教育往往停留在一般的知识传授、政策宣读、情况介绍、事件描述上，只侧重"知"的层面，有很大的局限性。形势与政策教育的终极价值就是剥离形势与政策教育内容中的变动因素后留下的、对学生的发展有着长远意义的东西，即大学生家国情怀的培育。在形势与政策教育中融入大学生家国情怀培育的内容，不断提升大学生的思想境界，促使大学生积极主动地关注变动着的形势与政策，推动形势与政策教育向更深层次发展，进而达到形势与政策课程的教育目的。

形势与政策教育有着丰富且鲜活的资源，用于培育大学生的家国情怀。展现在大学生面前的新成就、新形势、新决策等内容，有助于增强大学生的民族自豪感和自信心；在全面建成小康社会过程中遇到的困难与挑战等，有助于增强大学生的时代责任感和历史使命感。这些丰富而具体的现实材料，通过正确引导可以使大学生理解家国情怀的内涵，是培育大学生家国情怀的重要资源。如果只把这些丰富的资源作为一般性的知识灌输，而没有家国情怀的引导，形势与政策教育的内容就会变得空泛，无法实现教学目标。

形势与政策教育在培育大学生家国情怀方面有着独特的优势。大学生家国情怀的培育可以通过中华优秀传统文化教育、思想政治教育、中国近现代史教育等多种途径实现。中华优秀传统文化中有着培育家国情怀的丰富资源。利用中华优秀传统文化培育家国情怀，要对这些文化资源进行创造性转化和创新性发展。思想政治教育和中国近现代史教育中也有培育大学生家国情怀的丰富资源，由于理论的抽象性和历史的距离感，还需要补充现实的材料。而形势与政策教育资源就在身边，培育家国情怀的方式更加直接与具体。这种"直接与具体"的特点，使形势与政策教育在培育大学生家国情怀方面有着独特的优势。

三、在形势与政策教育中培育大学生家国情怀的基本策略

家国情怀是国家与个人之间关系的一种表现，它摒弃了个人主义的自私，包含着爱国主义精神，因此，家国情怀是一种高尚的情操。一个人"家"的情怀的产生可以是自发的，它是对家庭亲人多年养育之恩的眷恋与回馈，即便是最自私的人也可能有很深的"家"的情怀。而"国"的情怀的产生是外源性的、有条件的，要从经历、体验、感悟中产生对国家的认同，并由感性上升到理性。实现对"家"的情怀与对"国"的情怀的统一，才能养成家国情怀，这也就是家国情怀的养成机制。大学生处于对国家认同由感性上升到理性的关键时期，因此，在形势与政策教育中培育大学生的家国情怀，不是提供几组数据、介绍几个案例、宣读几项政策、喊上几句口号就能实现的，而是应该讲究教育策略。

首先，要紧扣家国联系，挖掘"大事"与"小家"的关系。许多大学生认为形势与政策教育所讲的内容都是一些大事，在一些大学生心中等同于无用与无聊，与国家教育政策定位形成强烈反差。我们不能用"不爱国"对大学生进行道德谴责，因为大学生的这种认知和形势与政策教育过程存在的一些问题有关，主要表现在重说教、轻分析，重政策宣传、轻家国联系。在一个人没有达到更高思想道德境界时，做事往往首先从个人利益出发，遇

事往往首先想到的是自己的"小家"。对需要培育家国情怀的大学生来说，"大事"太远，因而关注较少。形势与政策教育要与大学生的实际利益结合起来，才易于被接受。形势与政策教育要紧扣家国联系，挖掘教育内容中"国家大事"与"小家利益"的内在关系，由"大事"到"小家"的分析，使学生真正理解并接受家国联系。因此，通过紧扣家国联系来开展形势与政策教育是大学生家国情怀培育的基础。

其次，要积极回应难点，消除负面因素的不利影响。形势与政策教育的内容要求教学过程应整体统一地表达一种符合社会主义核心价值观的、积极的政治思想和政治要求。大学生在实际学习过程中，在理解某些内容时会有一定的困难，因此形成了教学难点。但是，主流政治思想体系之外，还存在许多非主流的思想观念，这对大学生家国情怀的培育产生了不利的影响。呈现在大学生面前的思想观念复杂多样，这种真真假假、虚虚实实、善意恶意混杂的思想局面，造成大学生认知和选择上的困难。这些思想上的难点问题，会在很大程度上影响大学生的国家认同和家国情怀培育。因此，及时地讲解难点是通过形势与政策教育来培育大学生家国情怀的关键。

最后，要抓好实践教学，促进大学生对知识的消化和吸收。实践教学是培养高校思想政治理论课教学的重要组成部分，是大学生思想、能力与情感的重要手段。家国情怀有自己的养成机制，在形势与政策教育中培育大学生的家国情怀，就要顺应家国情怀养成机制的要求，让大学生带着对家国情怀的认知回到实践中去体悟、内化和升华。高校可以在形势与政策教育中单独进行培育家国情怀的实践教学，也可以与其他几门思想政治理论课的实践教学结合起来。围绕家国情怀这个主题，根据每学期形势与政策教育内容采用不同的实践教学形式，可以进行社会调查、实地参观考察，参加志愿者服务活动、公益活动、家务劳动等，走出校门，到基层去，到百姓生活中去。实践教学形式的多样性可以激发大学生对形势与政策教育的兴趣与热情，但要使学生从内心认同形势与政策教育的内容，培育大学生的家国情怀，还要加强引导。家国情怀的主题实践教学要结合大学生在实践中的行为表现，及时做好引导工作；要结合大学生提交的心得体会、论文或调查报告中所展现的思想观念，回归课堂教学，做好再引导。通过"课堂教学—实践教学—课堂教学"这种辩证否定的过程，完成对大学生家国情怀的培育。

第五章 新时代大学生家国情怀培育的路径

第一节 大学生家国情怀培育与社会环境

马克思在《关于费尔巴哈的提纲》中写道:"哲学家们只是用不同的方式解释世界,而问题在于改变世界。"

人的本质,在其现实性上,是一切社会关系的总和。人在本质上不是单独存在的个体,人是生活在社会上的,社会性是人的本质属性。人与社会环境是和谐共生的关系,离开了社会环境,人就不能生存和发展,更谈不上追求精神生活,自然也就谈不上家国情怀。人和社会环境是相互影响的,唯物史观认为人民是历史的创造者,个体与社会环境相辅相成。因此,我们有必要进一步挖掘社会环境对新时代大学生家国情怀培育的影响。在对新时代大学生家国情怀培育的过程中,笔者主要通过优化社会政治环境、经济环境、文化环境三个方面,探索新时代大学生家国情怀培育的路径,以期对新时代大学生家国情怀的培育提供一定的帮助。

一、优化社会政治环境，助力新时代大学生家国情怀的培育

优化社会政治环境就是要建立健全中国特色社会主义政治制度和完善相关法律制度，倡导民主和谐、言论自由、学术自由。在家国情怀培育的过程中，完善的政治顶层设计有利于新时代大学生家国情怀的培育，良好的社会政治环境为大学生家国情怀的培育提供政治和法律上的支撑与保障。

（一）完善政治制度，加强制度保障

政治制度的完善对培育新时代大学生的家国情怀具有积极的促进作用。在我国提倡的社会主义民主政治下，道德和法律得到有机结合，促进社会和谐发展。家国情怀的培育是政治制度保证下的培育，家国情怀的培育对政治制度的建设也具有积极的作用。

（二）完善相关法律法规，加强社会道德建设

在中国几千年的社会发展进程中，道德跟法律总是相互作用、相辅相成的。伦理道德在我国的发展过程中一直占有重要地位，道德建设通过循序渐进的引导作用为家国情怀培育提供情感保障，而完善相关法律法规则为新时代大学生家国情怀的培育提供了规范性的法律保障。法律和道德为新时代大学生家国情怀的培育提供了双重保障。

二、优化社会经济环境，助力新时代大学生家国情怀的培育

在经济飞速发展的今天，物质文明和精神文明都在这一时期得到了前所未有的发展。社会主义市场经济蓬勃发展，市场在资源的配置中起决定作

用，如供给侧结构性改革，就使社会主义市场经济的活力得到了最充分的调动。在社会主义市场经济体制下，我们提倡的是大公无私、吃苦在前、享乐在后的思想，这对新时代大学生家国情怀的培育起着至关重要的作用。同时，在社会主义市场经济条件下，个人命运与国家命运、民族的命运紧紧联系在一起，每个人都将国家利益放在首位，良好的社会经济环境对新时代大学生家国情怀的培育起着积极的促进作用。

三、优化社会文化环境，助力新时代大学生家国情怀的培育

（一）注重中国传统文化对家国情怀培育的影响

中国传统文化延续至今，在社会的不断发展中发挥着不可替代的作用。由于其内涵深厚、内容广泛，历经几千年依然对社会产生极大的影响。家国情怀本身就来源于古代家国同构的思想，随着时间的推移，在不同时期有着不同的内涵。但必须强调的是，家国情怀一直是我国历史进程中从未停止发展的思想与情感。无论是古代"修身、齐家、治国、平天下"的大同思想、"穷则独善其身，达则兼济天下"的达观态度、"先天下之忧而忧，后天下之乐而乐"的责任担当意识，还是近代无数仁人志士保家卫国的爱国之情，抑或是社会主义现代化的今天，我们的爱国之情都是具有家国情怀的集中表现。

1. 提炼传统文化中关于新时代大学生家国情怀培育的内容

第一，发扬"修身、齐家、治国、平天下"的大同思想。这一思想强调个体要先培养自己的品德，然后才能管理好自己的家庭和家族，进而管理好国家，最后实现天下的太平安稳，这与新时代大学生家国情怀培育一脉相承。

新时代大学生要想为社会做贡献，先要通过学习充实自己，提高自己的科学文化水平以及综合素质，爱家爱父母，才能成为社会主义现代化的建设者和接班人。第二，提高个人和国家紧密相连的命运共同体意识，体现出来的就是"忠"的思想。在我国传统文化中，"忠"有极高的地位。"忠"就个体而言，体现在态度和行为两个方面，要求态度上忠实诚恳，行为上先人后己。"天下之德，莫过于忠"，表达家国情怀的时候，莫过于言行合一，将所思所想运用于实践。第三，积极培养对故土家园的深厚感情。"举头望明月，低头思故乡"，爱家乡，爱家人，这是家国情怀培育中对家乡、家人的深切情感的体现。第四，以和为贵的礼仪态度。中国历来就是一个礼仪之邦，崇尚以和为贵，讲求中庸之道，在中国人的血脉里从来就没有穷兵黩武的"细胞"。历史走到今天，当今时代的主题就是和平与发展，新时代大学生家国情怀培育倡导的也依然是和平共处。第五，培养仁爱之心。传统儒家最重要的文化内核就是"仁"，有子曰："孝悌也者，其为仁之本与！"（《论语·学而篇》）有子认为孝顺父母、尊重兄长是"仁"的根本所在。如今仁爱思想很好地体现在了新时代大学生家国情怀的培育要求中，"仁者爱人、以礼待人、宽厚豁达"是新时代大学生应该追求的道德理想。

2. 在生活实践中发扬传统文化

为了让新时代大学生加强对家国情怀的认知和认同，教育者可以在生活实践中给予其更大的发展空间。由于新时代大学生不同于其他群体，相对于小学生和中学生，大学生学到的知识内容要多于他们，心智也更加成熟，可以通过理论与实践相结合的方式在实践中弘扬传统文化。然而，也正由于新时代大学生还没有真正踏入社会工作，缺乏社会经验，因此鼓励新时代大学生在生活实践中弘扬传统文化，进而促进其家国情怀的培育。高校应鼓励大学生传承尊老爱幼、谦虚谨慎、不骄不躁，待人和善、团结友爱等传统美德，促使大学生在这些微小的生活实践中弘扬传统文化。

（二）借鉴西方文化对新时代大学生家国情怀培育的启示

英国教育家约翰·洛克在《教育漫话》里提出，人类最初的心灵都是无差别的，教育的目的是在后天的教育中把孩子培养成具有"德行、智慧、礼仪和学问"的人。这对培育新时代大学生的家国情怀具有高度的借鉴意义。教育者可以从家庭教育以及学校教育和社会环境中给予大学生丰富的知识内容，让他们学习前人优秀的理论成果，为自己树立良好的道德榜样。通过学习礼仪方面的知识，弥补精神文化上的空缺；通过家庭教育和在学校的学习，提升自己的科学文化水平，从而在这个过程中提升自己各方面的能力。

美国把爱国主义教育看作是维护国家利益的手段，以此来加强人民的国家认同感。在培育新时代大学生的家国情怀中，爱国、爱党是首要内容，正确的政治方向是新时代大学生安身立命的根本保证。如果没有祖国作强大后盾，个人的理想就难以实现，新时代大学生的人生价值自然也就难以实现。另一个值得借鉴的国家是德国。德国的教育特别注重对学生责任感的培育，教育内容包括个人对他人、对国家乃至对大自然的强烈责任感。在这样一种强烈责任感的促进下，德国人对时间、自我、他人以及社会都有着强烈的责任意识，而新时代大学生家国情怀的培育工作也应该增强对大学生责任意识的培养，以此引发大学生爱家爱国的情感共鸣。同样，法国注重对个体的集体责任感的教育，将思想政治教育与爱国主义教育相结合，以期更好地培养出符合社会需要的人才。这些西方国家的优秀教育理念为我国培养新时代大学生的责任感、归属感以及高度的国家认同感带来很多启示，能够有效助力新时代大学生家国情怀的培育。

第二节　大学生家国情怀培育与家庭教育

家庭是孩子的第一所学校，每个孩子都是在家庭的教育环境中成长起来的，家庭对孩子的人格塑造具有直接影响。古罗马的教育大师昆体良特别强调良好的家庭教育环境对启迪儿童天性的重要作用。发挥家庭的良好教育作用，能够为新时代大学生家国情怀的培育打下坚实的基础。

一、提升家庭家国情怀培育的责任意识

家是最小国，国是千万家。每个家庭都是整个国家不可或缺的组成部分，提升家庭家国情怀培育意识，首先必须通过家规、家风去培育。国与家是一个命运共同体，把普通的家庭建设好，整个社会的风气就会变好，人民群众的切身利益也就会更好地得到实现，千千万万个家庭建设好了，社会主义现代化建设才会越来越好。要树立良好的家规、家风，需要通过父母的言传身教，将自身的良好品质教给孩子，做好模范表率作用。其次要营造家庭良好的学习氛围。学习是一辈子的事情，学校专门为学生提供学习场所，但其实孩子的教育从刚出生时就已开始，诚实、守信、仁爱等中国优秀传统美德可以塑造一个人的品格。同时，一种良好的学习氛围会对新时代大学生家国情怀的培育起到积极作用。古语有云："一屋不扫，何以扫天下"，良好的家庭教育对培育新时代大学生的家国情怀具有重要的作用。最后要努力提供良好的家庭氛围。良好的家庭氛围为新时代大学生家国情怀的培育提供了一个舒适的环境。生活在良好的家庭氛围中的孩子，个人的品格会更正直，在这种良好家庭环境下成长起来的新时代大学生将对家国情怀培育工作产生积极的促进作用。

二、注重家庭家国情怀培育的良性发展

一个家庭的家风良好，孩子也会耳濡目染，从而养成良好的个人品德。为实现家庭教育对新时代大学生家国情怀培育的促进作用，我们需要从智力和道德两个方面抓起。相对道德方面的培育，智力方面的培育就显得比较纯粹和单一。父母可以对孩子言传身教，懂得欣赏孩子、鼓励孩子、用心聆听孩子的需求，通过语言等方式对孩子循循善诱，激发孩子的学习能力和创造力。同时，父母也要养成终身学习的习惯，在丰富自身内涵的同时，做孩子的好榜样。家庭教育并没有最好的方式，只有最适合孩子的方式。父母要懂得不盲目跟风，找出适合自己孩子的教育方式才是根本。注重家庭对家国情怀培育的可持续性发展，还体现在新时代大学生的道德方面。道德是一个人安身立命的基础，在人的全面发展理论中，道德排在首位，而家国情怀在一定程度上与新时代大学生道德的培育有着密切的联系。新时代大学生家国情怀的培育也是德育的一部分，对德育的发展有着积极的作用。父母的言行一致、恪守诚信，将道德理想的实现作为家庭发展的目标，促进孩子道德素养的提高，从而通过仁爱的教育方式推行家庭教育，进一步展现家庭教育在新时代大学生家国情怀培育中的作用。

三、强化家长家国情怀培育的榜样作用

子曰："其身正，不令而行，其身不正，虽令不从。"（《论语·子路篇》）父母自身的品德端正了，即使不强行要求孩子跟着做，孩子也会自然而然受到启发而去做；如果父母自身的品行不端正，那么即便严厉命令，孩子也不会照做。这就需要父母在家庭教育中做好榜样作用，给孩子树立正面形象。即便是大学生群体，对父母的言行举止都会有一定的模仿，父母需要时刻保

持学习的心态，孜孜不倦，时刻做孩子前行道路上的领路人。同时，父母需要做好表率作用，心中对大是大非有正确的评判标准，倡导正确的是非观，使新时代大学生树立正确的是非观；父母自身要爱国爱党，懂得尊老爱幼，主动学习国家的法律法规，用实际行动将党和国家的政策落实到位，为新时代的大学生树立榜样；懂得站在孩子的角度去思考问题，在日常生活中增强新时代大学生家国情怀的培育。

四、与高校家国情怀培育形成合力

家庭教育与高校教育一脉相承。家庭教育是高校教育的基础和前提，高校教育是家庭教育的延续和发展。新时代大学生的家国情怀培育需要联系家庭教育与高校教育，形成教育合力，将家国情怀根植于新时代大学生的思想中，使其内化于心，外化于行。首先，家庭要与学校保持高度的联系。在针对新时代大学生的家国情怀培育方面，家庭教育要主动配合高校教育，家长主动与高校在教育方法上保持高度一致，家长主动向高校靠拢，时刻与家国情怀培育教师保持联系，关心大学生的心理变化。其次，家长主动与高校正确的家国情怀培育理念保持高度一致，主动学习家国情怀内涵，不与时代脱节，时刻保持求知欲，接受新事物，接纳正确的教育思想。最后，家长主动融入高校良好的教育环境里面，根据高校良好的学习氛围营造更好的家庭氛围。尽管大学生回家的次数有限，但家长也要时刻为孩子营造一个温馨的学习环境，使家国情怀培育取得更好的效果，为新时代大学生的成长成才搭建平台。

第三节 大学生家国情怀培育与高校教育

一、加强大学生家国情怀培育的实践育人作用

　　课堂教学是高校家国情怀教育的主渠道，要想让学生感同身受地融入家国情怀教育，必须通过丰富的社会实践活动，让学生在活动中产生真情实感，获得真实体验。具体来说，可以通过开展丰富的文化活动来培养学生的文化认同感。比如，在五四青年节、端午节、中秋节、国庆节等传统节日组织学生学习传统文化；观看科普作品，开展征文比赛、知识竞赛，让学生在文化活动中潜移默化地接受家国情怀教育；组织学生参观当地红色文化遗址，让学生在参观过程中了解革命先烈的英雄事迹，增强民族自豪感。以吉林省为例，高校可以带领学生参观雷锋纪念馆，学习雷锋无私奉献、舍己为人的精神；可以带领学生参观杨靖宇将军纪念馆，学习杨靖宇将军忠心报国的革命精神；可以带领学生参观黄大年同志纪念馆，学习其爱岗敬业的"工匠精神"；还可以鼓励学生参加社会志愿者活动，通过丰富的志愿者服务工作明确自己的人生定位，主动将自身发展与时代需要结合在一起。比如，鼓励学生参加国家政策解读、红色文化宣讲等志愿者活动，让学生学以致用，在不断提高个人能力的同时，提升社会责任感。

二、以表现性评价培育家国情怀

　　家国情怀是学习和探究历史应具有的人文追求，体现了对国家富强、人民幸福的情感，以及对国家的高度认同感、归属感、责任感和使命感。这种情感、态度、价值观，具有内在的、不可视的特点。表现性评价则可以通过任务与评价使其情感、态度、价值观变得可视。以表现性评价来培育家国情

怀，教师必须有明确表现性目标、设计表现性任务的能力，以及和学生一起制定、实施表现性评价准则的意愿。

（一）家国情怀的不可视性

当学生毕业离开学校之后，学过的具体的历史事件或历史人物的形象会逐渐模糊，甚至被遗忘，因此，曾有个别人提出历史教育无用论。但是，当现实中出现一些涉及价值观判断的问题时，教师又会抱怨青年没有学好政史，没有吸取历史的教训，找不到自己应有的立场，不能明辨是非。事实上，高校的政史教育不能只教学生死记硬背课本知识，更要让学生学会价值判断。从大处讲，他们不会忘记自己是中华民族的一分子，他们会牢记自己所肩负的国家发展、民族振兴的重任，他们能包容地看待世界的不同。这些恰恰是高校政史教育始终如一的价值目标。

首都师范大学历史系教授徐蓝在解读历史教育时指出："家国情怀体现了诸素养中价值追求的目标"。落实家国情怀是高校教育落实立德树人根本任务的关键，是高校教师教学的始终追求。

然而，家国情怀却是内在的、不可视的一种素养。它不是通过纸笔测试能检测到的，而是需要运用一定的、有效的方式来将其变得可视化。然而，由于高校普遍实行学分制，我们的教学评价往往会围绕考试去服务，终结性评价几乎成了唯一的评价方式。教学关注的点是"学科的考试能力"，大学生重视做题和背诵，往往忽略了知识背后的精神，这种情况下很难去谈什么家国情怀。而表现性评价不仅能让大学生的内在素养变得可视化，还能够更好地培育学生的家国情怀。

（二）表现性评价可以将不可视性转化为可视性的特点

表现性评价强调被评价者的主体性，关注评价的过程，重视评价任务的真实性和发展性。表现性评价把调整和促进教学作为评价的最终目的；把学生的实际操作和表达、表现作为评价的内容；把真实的教育情境作为评价的现实场域；把针对大学生实际操作和表现进行的观察和分析作为主要方式。表现性评价的主要形式包括建构式反应题、书面报告、作文、演说、操作、实验、资料收集、作品展示等。表现性评价是对大学生内在品质和个人能力的评价，是对大学生表现的一种直接评价。它非常强调任务和情境的真实性，即便是模拟情境也应该基于大学生的生活经验，这样考察到的就是大学生真实的分析、解决问题的能力，所以，有人称之为真实的评价。由此可见，表现性评价需要大学生通过践行家国情怀去应对或解决复杂问题，从而使家国情怀的培育工作产生良好的效果。

通过对表现性评价内涵的分析，我们可以看到以表现性评价来培育家国情怀的明显优势。

1. 可实现教、学、评三者的统一

与测试性评价相比，表现性评价最大的区别是强调过程性。从选择情境开始，教师不仅要重视情境与大学生生活的关联，而且要强调大学生参与评价的标准或评价量规的制定。这样大学生从一开始便成为教学评价活动的主体。教学实施的过程更是以大学生的真实表现为评价对象，教师和大学生可以随时发现教学过程中的重点问题，并及时加以调整。表现性评价改变了以往教、学、评相分离的状况。

2. 可体现大学生真实的价值观

表现性评价强调由大学生自己在真实情景中找出解决问题的办法，在活动中通过自身的行为表现来体现自己的学习效果。它不要求大学生给出答案，而是根据大学生在真实或是模拟情景中的表现，进行直接评价，可体现大学生真实的价值观。

可以说，纸笔测试能够体现正确的思想和价值导向，能够体现大学生对历史知识，甚至是思想、道德以及观念和理解。但是，它绝对体现不出大学生心里的真实想法，即大学生是否真正认同家国情怀的价值。家国情怀培育的关键不是感悟与理解，而是大学生真心的认同。纸笔测试无法做到尊重大学生的个性发展，也无法随时在教学过程中进行考查，更无法考查和记录大学生不同阶段的状态与变化。

3．可将情感可视化

评价是教育过程中最难的一部分，具体到对情感、态度、价值观的评价，更是难上加难。当然，大学教师一直在努力，希望通过丰富多彩的教学活动培育大学生的家国情怀，从而激发这些情感的外化。这时，表现性评价在如何细化情感教育并进行有效评价方面能起到重要的作用。

我们可以用"任务单"的形式，将"看不见"的情感、思维转化为"看得见"的学生行为表现，这一过程就是"可视化"。从大学生的外在表现推测其内在情感的过程就叫作"解读"，而表现性评价的这一解读过程，需要评价准则作为解读的工具，而评价准则是评价者和被评价者共同制定的。由此可见，表现性评价的任务和评价准则是大学生内在情感、思维可视化的有效方法和手段。

（三）以表现性评价培育大学生家国情怀的实施策略

表现性目标、表现性任务和评价准则，构成了表现性评价的核心要素。笔者认为可以通过对目标的确定、任务的设计和评价准则的制定，科学地培育大学生的家国情怀。

为了培育大学生的家国情怀，在制定目标时，我们要再次明确评价不是最后的结果，评价指向的是教学的全过程，教、学、评是统一的。所以，表现性评价的目标关注的不仅仅是结果，我们还应当关注大学生家国情怀的内化过程，以及真情实感的表达。

1. 针对大学生家国情怀的表现性评价

对大学生进行家国情怀培育，有利于立德树人这一教育目标的实现。让大学生了解家国情怀，就是要在教学活动中对培育大学生家国情怀的具体内容进行准确无误的解读。尽管在各学科教学中，教师会为达成表现性评价而使用多种方法，但应始终以培育大学生的家国情怀为根本价值目标。

2. 针对情感内化过程的表现性评价

情感内化过程，是指大学生通过建立直观印象的方式，将家国情怀转化为自身的精神追求。我们所要营造的不是一种强制的、枯燥的或被动的过程，例如背诵、默写等。因为我们坚定地认为，这样的学习不可能实现情感内化。家国情怀的内化过程也是大学生产生情感共鸣的过程，例如，我们在讲述文化史中的京剧内容时，如何让大学生感受到这一传统艺术之美？只是单纯地朗读和背诵京剧的知识点，肯定无法达到这一目标。我们需要引导学生真正走进剧院，感知京剧的故事、角色等。大学生只有真正感受到京剧的美，才能内化为对传统艺术的认同和热爱。

3. 针对情感真实的表达设计表现性评价

表现性评价之所以能够促进家国情怀的培育，是因为它能使大学生内化的情感通过任务被解读出来，从而实现可视化。所以当教师实施表现性评价时，始终要指引大学生在真实或者虚拟的场景中表达自己真实的情感，教师制定的评价准则也必须为此服务。例如，让大学生排演关于红军长征的话剧，教师如何指导学生的表演是关键。如果教师连剧本、台词、服装，甚至是表情都帮学生设计好，学生就无法做到真实的情感表达。

（四）设计与大学生的家国情怀培育相匹配的表现性任务

华东师范大学终身教授钟启泉认为，实施表现性评价活动或者任务要抓住四个关键词：真实性、参与合作、表达、自我评价。根据不同的表现性目标，其表现性任务的设计也是多样的。它既可以是用来评价具体知识和能力的简短测试型任务，也可以是用来评价知识面、情感态度的复杂的任务。但是，所有的表现性任务的设计都必须兼顾真实性、参与性。

情感的外显需要通过大学生的表达来体现。教师应尽可能地将任务或者活动设置在真实的场景里，有利于学生产生真实情感。参与合作时，任务的设置应该让教师、学生都参与其中，体现教、学、评的统一，使大学生在挑战课题任务时，通过自我评价，从被动学习者转化为主动学习者。

1．选择培育大学生家国情怀的任务

表现性评价任务主要有口头表述、结构性表现任务、模拟表现任务、创作作品、进行实验和完成研究项目这六种形式。针对培育大学生家国情怀的要求，教师应尽可能从学生现实世界中已有的经验和情境入手，引导学生运用已有的知识与方法去完成新的任务。在任务的完成过程中，帮助其更好地理解设置任务的目的，增强其挑战困难的勇气和毅力，最终实现情感的内化和外显。例如，在学习"改革开放"这一内容时，为了让大学生真切体会到改革开放的伟大，并且懂得改革开放对他们生活的现实意义，教师可以设计一次采访与写作的任务。采访身边改革开放的亲历者，让大学生分小组选择采访对象，设计采访问题，并撰写采访稿，录制视频，最后呈现给全班同学。

2. 设计完成表现性任务的适当情境

教师在设计表现性任务情境的时候，不能和教学脱钩，不能与课程目标脱钩，更不能与学生发展脱钩。情境一定要符合教学任务的要求，体现大学生的年龄层次特点，最好是大学生生活场景中真实发生过的情景。当然，更重要的是要有利于表现性评价任务的完成，能够有利于培育大学生的家国情怀。笔者认为情境可以来自课本，例如红军长征，历史书和语文书中都有细节描写，完全可以让大学生根据课本来编排一段红军长征的课本剧。情境可以来自历史史实，例如，要理解魏晋南北朝时期的民族融合，就可以让学生考察学校当地的民族构成及历史。情境也可以来自影视作品，例如，可以通过让学生讲述《那年花开月正圆》女主角的故事，让学生体会中国民族工业在近代历史进程中的发展历程。

（五）制定培育大学生家国情怀素养的表现性评价准则

表现性评价必须有明确、清晰、有利于体现学生实际能力与情感态度的评分准则，让大学生清晰地了解这些评价标准产生以及实施的过程，大学生才能明白自己为什么需要被评价以及会被怎样评价，使其自觉产生完成任务的动力，从而将教师与学生两者共同参与的评价结合在一起。在实际教学中，为了使表现性评价准则能真正发挥作用，应该注意以下三点：

1. 向大学生明确评价准则

在大学生的概念中，所谓的评分准则就如同考试的正确答案。如果不了解表现性评价的真正目的，那么大学生就不可能真实地表达自己的想法，反而会出现应付教师或者敷衍了事的情况。我们应该让大学生知道表现性评分准则指向的是他们参与任务的整个过程以及对任务完成情况的评价，所有任务的目的并不是追求一个标准化的答案，而是希望得到一个关于他们行动过程和行动结果的真实数据。这样学生既明白评价的目的，也能明确教师对他们的要求。

2．为大学生讲授表现性评价准则

教师不仅要让大学生明白为什么要进行评价，更要让大学生学会如何评价。表现性评价强调的是教师评价与大学生自评相结合，我们希望大学生通过不断的自我评价，更好地完成表现性任务。大学生了解评价准则之后，就能明白自己在完成任务的过程中需要注意哪些问题。我们的评价准则会要求调查研究的真实性。例如，史料的真实性、采访对象的真实性等，大学生也会保证调查研究过程的真实性。教会大学生如何评价，就是让他们懂得如何将评价准则运用到学习中，从而真正促进大学生的学习。

3．让大学生参与表现性准则的制定

一般而言，表现性评价准则来源于以下三个方面。第一，他人或者相关专业书籍中提供的现成评价准则；第二，教师根据经验改编的评价准则；第三，教师根据任务的不同，自己制定的准则。为了培育大学生家国情怀，教师在确定每一个任务之后，应该与学生一起，针对任务制定评价准则，一起探讨任务完成过程中的重点与难点，针对不同的表达方式一起选择不同的评价方式。这样，大学生能够学会区分任务的难易程度，把握完成任务的关键要素，主动进行自我评价，增强学习的动力与信心。

总之，在塑造大学生正确的价值观和培育家国情怀方面，表现性评价可以发挥很大的作用。在实际教学中，通过制造现实场景，借助自主学习、协作调查、小组合作、教师观察、大学生的自评与互评等方式，调动大学生的学习积极性，帮助大学生树立正确的价值观。

第六章　新时代大学生家国情怀
培育的机制

第一节　新媒体与大学生家国情怀培育

全国高校思想政治工作会议指出："做好高校思想政治工作，需要因事而化、因时而进、因势而新"。同时，会议强调："要运用新媒体新技术使工作活起来，推动思想政治工作传统优势同信息技术高度融合，增强时代感和吸引力。"

新时代大学生家国情怀培育必须利用好网络这一教育平台，利用大学生喜爱和易接受的网络新媒体、新技术来进行家国情怀培育工作，抢占网络宣传新时代大学生家国情怀这一高地。

一、加强不良信息监管，营造风清气正的网络环境

当前互联网新技术的飞速发展使信息的传递不受时间和空间的限制，各种信息充斥互联网，同样也在影响着新时代大学生家国情怀培育工作的进行。新时代大学生家国情怀培育，就是要加强对互联网不良信息的监管，从而为新时代大学生家国情怀培育营造风清气正的网络环境。

一是对互联网当中的不良信息进行有效监管。当前，互联网上的信息纷繁复杂，有正面、真实的信息，也有负面、虚假的信息，这些负面的信息会影响大学生的心理健康。青年大学生正处于人生成长的关键时期和重要阶段，社会阅历不足，缺乏对复杂事物的分析和判断能力，对互联网等新媒体信息的辨别能力不强，容易受到不良信息的影响，对互联网上传播的信息盲目偏信。这就需要加大力度对互联网和新媒体当中的不良信息进行有效监管和监督，净化新时代大学生家国情怀培育的网络环境，屏蔽和过滤一些虚假、负面的网络信息，加强网络环境的治理和整顿，为新时代大学生家国情怀培育构建风清气正的网络环境。

二是不断优化新媒体宣传环境。首先，要增加新媒体各平台中正能量信息所占的比重，用正确的信息来引领互联网新风尚，不断加强新时代大学生的主体性教育，使大学生坚守政治信仰和理想信念，提升大学生的社会责任感，提升大学生的责任担当意识，激发大学生的爱国热情，为新时代大学生家国情怀培育创建一个良好的舆论氛围；其次，要不断优化新媒体网络宣传环境，加强信息平台的建设，开辟适用于新时代大学生家国情怀培育的新媒体宣传平台，有针对性地开展家国情怀宣传活动；最后，要坚持以党的十九大关于互联网建设的要求和习近平新时代中国特色社会主义思想关于网络文化宣传的思想来指导新媒体宣传工作，形成正确的新媒体宣传指导思想，优化新时代大学生家国情怀培育的新媒体宣传环境。

二、打造综合宣传体系，实现同频共振宣传效果

全国宣传思想会议强调："坚持团结稳定鼓劲、正面宣传为主，是宣传思想工作必须遵循的重要方针。"会议也指出："我们正在进行具有许多新的

历史特点的伟大斗争，面临的挑战和困难前所未有，必须坚持巩固壮大主流思想舆论，弘扬主旋律，传播正能量，激发全社会团结奋进的强大力量。"

新时代大学生家国情怀培育的网络宣传也必须坚持以正面积极引导为主，着力打造新时代大学生家国情怀网络综合宣传体系，实现网络宣传与新时代大学生家国情怀培育的同频共振。

高校要依托现有的培育家国情怀的资源，重点建设具有新时代家国情怀特色文化的宣传网站。要加强校园网络工程建设，选取具有代表性的文化教育资源，在学校网站上开设中华优秀传统文化宣传展示专栏，建设新时代大学生家国情怀培育网络宣传中心，积极宣传新时代大学生家国情怀相关思想、文化和理论；要通过开辟专栏来提供丰富多样的大学生家国情怀培育宣传资料，比如爱国主义教育专题图片展、中国特色社会主义成就展、家庭教育展等，让学生可以自由地在网站上浏览和学习家国情怀相关的内容，提升大学生的社会责任感和责任担当意识，从而增强对新时代家国情怀培育的情感认同；要大力整合网络优质文化资源，要利用文字、动画、图像、影像、音频、视频等多种形式来建设"新时代家国情怀文化网络资源库"，组织教师和学生在网络上学习家国情怀相关内容，开展内容丰富、形式多样的网上在线学习；要利用好网络新媒体来宣传新时代家国情怀文化理论，加强新时代高校"三微一端"的发展建设，通过传播家国情怀文化的微博、微信、微视频，探索开发适合大学生学习的家国情怀网络移动客户端，不断完善线上教育平台建设；创建新时代大学生家国情怀培育的微信公众号和微博账号，结合当前实际和新时代大学生关注的热点问题，定时、定期推出有关家国情怀培育的内容，使大学生主动学习新时代家国情怀文化；同时，要利用好传统媒体在传播家国情怀文化方面的优势作用，如加强校园广播站建设，推出形式多样的家国情怀节目，形成新时代大学生家国情怀培育中传统媒体与网络新媒体相互促进的宣传格局。

三、建立网络平台，形成家国情怀教育资源共享

习近平总书记在中共中央政治局第十二次集体学习时指出："要运用信息革命成果，推动媒体融合向纵深发展，做大做强主流舆论，巩固全党全国人民团结奋斗的共同思想基础，为实现'两个一百年'奋斗目标，实现中华民族伟大复兴的'中国梦'提供强大精神力量和舆论支持。"在新时代大学生家国情怀培育的过程中，要牢牢掌握新时代大学生家国情怀培育的网络话语权和主动权。

一是加强大学生家国情怀培育相关内容的网络平台建设。在新时代大学生家国情怀培育之中，不断加强网络平台建设，是建立家国情怀相关内容网络平台的重要基础，也是推进大学生家国情怀培育的相关内容在网络平台建设方面的内在要求。一方面，要加强新时代大学生家国情怀培育在网络上的正面宣传，旗帜鲜明地坚持正确的价值导向和舆论方向，用习近平新时代中国特色社会主义思想来指导新时代大学生家国情怀相关内容的网络平台建设，使新时代大学生乐于接受家国情怀培育的内容，将大学生家国情怀培育的相关内容先内化于心，进而外化于行，促进新时代大学生家国情怀培育工作不断完善；另一方面，在新时代大学生家国情怀培育相关内容的网络平台建设中，要持续开展互联网舆论监督工作，严密防范对新时代大学生家国情怀培育的互联网攻击行为，要采取正确的应对措施和策略，驳斥大学生家国情怀培育相关内容网络平台建设的错误言论、错误观点、错误思想，营造积极向上的学习氛围。

二是建立新时代大学生家国情怀网络综合培育体系。首先，要不断地整合网络上有关大学生家国情怀培育方面的资源，通过资源的整合促进新时代大学生家国情怀培育中网络资源的有效运用，不断建立、健全新时代大学生家国情怀网络资源的整合、管理等工作的联动机制，协调和分配好新时代大学生家国情怀培育中的网络资源，促进新时代大学生家国情怀培育工作不断完善；其次，要提升新时代大学生家国情怀网络培育能力，形成多种力量、多种手段、多种方式融合在一起的新时代大学生家国情怀网络培育体系；最后，要不断完善新时代大学生家国情怀网络培育的服务工作，坚持以学生为中心开展新时代大学生家国情怀网络培育工作，多渠道、多路径、多层次地为大学生家国情怀相关学习实践提供便利，使新时代大学生家国情怀网络培育工作更能收到学生的欢迎。同时，要不断地打造新时代大学生家国情怀互联网资源共享平台，使新时代家国情怀互联网资源实现共享，提升资源的利用效率。

第二节　抗击疫情与大学生的家国情怀

在人类发展史上，不同时期的疫情是人类共同面临的灾难，关系着生命延续，关乎家国存亡。每一场疫情，既是对人类应该尊重、敬畏自然的警告，又是对人类应该关注科学发展的劝告。恩格斯说过，"没有哪一次巨大的历史灾难，不是以巨大的历史进步为补偿的。"（《马克思恩格斯全集》）从大学教育角度来讲，抗疫的成功是一堂深刻的思想政治课。在科学技术不断发展的今天，随着经济全球化的到来，人类在疫情防控工作中面临着完全不同的形势。家国情怀是一个人对自己国家和人民所表现出来的深情厚爱，是对国家富强、人民幸福所展现出来的理想追求。它是对自己国家的一种高度认同感、归属感、责任感和使命感的体现，是一种深层次的文化心理密码。在疫情中培育大学生家国情怀，应围绕"在家尽孝、为国尽忠"的核心内涵，实现"报效祖国、建功立业"的人生理想。

一、在抗击疫情中培育大学生家国情怀的重要意义

纵观世界历史，深厚的家国情怀是中华民族区别于世界上其他民族的鲜明特质，也是中华民族生存发展和中华文化绵延不断的精神力量。面对一次次的灾难，家国情怀总能凝聚个体力量，让全国人民万众一心、共渡难关。在当今这个政治多极化、经济全球化、社会信息化、文化多样化的大趋势下，在推进人类命运共同体建设的伟大进程中，我们应将家国情怀和人类命运紧密联系在一起，每个人都应肩负起新时代赋予的历史使命。青年一代有理想、有本领、有担当，国家就有前途，民族就有希望。高校人才培养应与中等教育、基础教育联系起来，建立与家庭、社会紧密联系的爱国主义教育体系，推动家国情怀培育工作不断完善。

（一）在抗击疫情中培育家国情怀

大学生是社会优秀青年群体的代表，处在百年未有的大变局之中的他们是否具有家国情怀，是他们能否成为社会主义建设者的关键。家国情怀并不是抽象和空洞的，相反是生活化和具象化的。当前，疫情防控为家国情怀赋予了新内涵，让大学生对"家"和"国"有了更直接、更深刻的体会。一方面，疫情带来的"宅家"生活让他们回归家庭，与家人有更多的共处时间，增进亲情，感知"小家"的温暖；另一方面，互联网的快速发展让大学生足

不出户就能全方位了解党中央和各级政府的防控部署，及时关注抗疫进展，掌握疫情防控科学知识，了解疫区民众抗疫的最新动态以及本地群防群控、联防联控的实时进展。疫情让他们对"家"与"国"有了更深刻、理性的认知，意识到个人命运、小家存亡与国家发展紧密相连。这有利于他们把"修身""齐家""治国""平天下"有机统一起来，心系家国命运。

（二）在抗击疫情中感受国家凝聚力

病毒不分国界，抗击疫情没有局外人。一个民族在抗击疫情中所展现的精神面貌，是最生动的教育素材。疫情的传播速度快、影响范围大、涉及面广。面对疫情，全社会高效协同有条不紊，坚持全国一盘棋的战略总要求；全国上下万众一心、共克时艰，各地精准施策，具体问题具体分析，充分发挥群防群控、联防联控的作用；抗疫期间社会秩序稳定，宣传舆论充分发挥"强信心、暖人心、聚民心"的作用。在打赢疫情防控的战斗中，无论身处疫区或远离疫区，我国人民都充分展示了一方有难八方支援的大爱精神，展现了四亿多家庭和十四亿人民的家国凝聚力。

（三）在反思疫情中筑牢家国情怀

随着"生态文明"成为全球共识，人类更加重视人与自然的和谐共生。经历一次疫情，可以让人类进行更深刻的反思，也可以让大学生更加敬畏自然、尊重生命；在反思疫情对家国的影响中，更加珍惜来之不易的幸福生活，在疫情蔓延全球的过程中，比较不同国家在应对社会公共危机中的差异，从中感受中国特色社会主义制度的优越性，也加深了对人类命运共同体的深刻认识；在疫情过后，更好地反思人生，以更加积极的姿态投身学业，把个人成长融入祖国发展之中。

二、在抗击疫情中培育大学生家国情怀的现实考量

疫情防控中的大学教育，面临着力量分散、环境特殊等众多不确定因素。

（一）从自发关注向自觉关怀转化的考量

疫情期间，由于受精神状态、生活环境等的影响，同时，缺乏有效的组织引导，容易使大学生个体处于脱离组织管理的状态。这些容易使大学生产生惰性，具体表现是：一是在时间的自发性上。疫情期间普遍缺乏科学规划，易导致在作息安排上"日夜颠倒"，久而久之还可能引发个人情绪焦虑，进而容易对家国、对疫情产生麻木的心理状态。二是在空间的封闭性上。"孟母三迁"揭示了环境在教育中的重要性，疫情期间，家庭在赋予个体温暖的同时，也使大学生处于封闭的状态，降低了线下交际的频率，易导致其对家国关系产生理解上的偏差。三是在内容选择的随机性上。年轻人精力旺盛、接受新事物能力强，在疫情中对各种信息的接受能力比较强，易在潜移默化中割裂甚至歪曲对家国的理解。四是在个体的差异性上。大学生个体在家庭、文化等方面存在差异，所处地区疫情情况不同，对家国的认知容易产生偏差，需要加强对家国情怀内涵的理解。

（二）从碎片式发力向整体合力转化的考量

家是最小国，国是千万家。在抗击疫情的过程中，家国情怀的引导应具有强大的号召力和凝聚力，但因居家环境、个体分散等因素，总体呈现碎片化态势，易形成"小家"和国家之间的割裂，影响整体教育效果。一方面，接收大量的碎片化信息容易导致大学生缺乏理性判断。疫情期间，融媒体时代的海量信息保证了大学生对抗疫进展的知情权，也迎合了大学生的情感需要，引发了大学生对疫情防控的思考、对幸福生活的珍惜，对国家力量和

民族精神产生高度的认同感。但关于疫情的各种信息良莠不齐、观点不一，极易出现一些以偏概全、发泄私愤、道听途说、妄自揣测、别有用心、居心叵测，甚至唱衰中国的观点。这两种力量在大学生群体中无序传播，此消彼长，呈现碎片化倾向，无形中影响了大学生群体的家国情怀，使大学生对家国情怀缺乏整体的把握。另一方面，疫情特殊时期教育形式的碎片化影响了教学效果。空间的隔离导致了力量的分散，在突如其来的疫情期间，家庭教育更重视的是个人健康，社会层面则注重对各个群体的防控教育，而学校教育难以快速形成高效反应，难以达到在校期间的教学质量与效果，虽然各司其职，但难以形成有效合力。

（三）从感性认知到理性实践转化的考量

一个人对家国的热爱建立在认知的基础上，体现在行动上。家国情怀需要经历从感知"小家"到以国家利益为先的融合过程，是从感性的认知到理性实践的质变，是思想升华后的自觉行动。面对这场关系人民群众生命安全的疫情，党中央坚持把人民生命安全和身体健康放在第一位，通过对疫情的成功防控，展现了中国共产党为什么"能"，马克思主义为什么"行"，中国特色社会主义为什么"好"。以"90后""95后""00后"为主体的大学生群体在个性思维、人际交往、生活方式上具有很强的时代特点，表现出对独立人格、独立思考的崇尚与追求。同时，由于疫情期间缺乏统一的教育引导，他们在现实中容易对信息量丰富的自媒体关注多，而对主流媒体关注少；对抗疫感性新闻关注多，而理性思考少；"宅"家听得多看得多，做得反而少；对疫情防控整体关注多，而对自己的实际情况联系少。他们在思考个人与国家关系时，更关注个人的情绪和感受，但是，如果把个人的情感和家国情怀割裂开来，就难以产生思想上的升华，甚至会在知与行上产生分离。

三、抗疫中培育大学生家国情怀的路径选择

抗击疫情展现了一个国家和民族的强大凝聚力。疫情防控是高校大学生思想政治教育的重要契机，应树立系统思维、把握契机、协同发力，让抗击疫情成为高校立德树人的重要一课，使大学生在抗击疫情中进一步自觉培育家国情怀。

（一）加强教育引导，坚定爱国主义信念

进入新时代，家国情怀作为中华文化的重要精神资源焕发着新的光彩，在不断发展中构筑起大学生群体的精神支柱。面对疫情，家国不是抽象虚幻的意识和概念，而是血肉相连的情感和纽带，家国情怀更应该成为大学生的一种信仰。

1．在疫情期间感受亲情

家和家乡是"小小国"，疫情让大学生在成人阶段与家人和故乡多了一段较长的"亲密"接触时间，成了引导大学生亲近家人的重要契机。通过这次疫情，可以引导他们在疫情防控中感受亲情、关爱家人、孝敬长辈、主动承担家务、进行思想沟通、营造家庭和谐氛围的同时，也引导他们深切感受家乡的变化。乡愁是中国人对故乡的依恋和难以割舍的情怀，通过家乡的发展历程，对今天和往日进行纵向对比，对不同地域进行横向对比，以此来思考家乡发展的成就、问题与未来。对家和家乡的热爱是家国情怀的土壤与根基，也为大学生厚植家国情怀提供了养分。

2．在抗疫中弘扬正能量

大学生群体是青年群体的优秀代表，具有较高科学文化水平。在抗击疫情的过程中，大学生应该成为先进文化的传播者和引领者，成为弘扬正能量

的主力军；应该结合政府防控要求，尊重科学，自觉承担传播疫情防控知识的重任；应该在抗疫中积极弘扬主旋律，关心疫区人民的生活状况；应该加深理性思考，尊重事实，敢于正面与谣言做斗争；应该运用医学等不同专业知识，守护社会弱势群体，关爱家庭成员，引领良好社会风气。

3．在疫情防控中明确自己的使命

一代人有一代人的使命，一代人有一代人的担当。在抗击疫情的过程中，家国情怀的落脚点体现在责任担当层面。作为未来的社会主义建设者和接班人，以及推进人类命运共同体建设的主要力量，大学生群体在抗击疫情中肩负着神圣使命。大学生应该在中国抗击疫情和其他国家抗击疫情的情况对比中，体会中国特色社会主义制度的先进性，深刻理解家国情怀的内涵，坚定"四个自信"；应该牢固树立责任担当意识，严于律己，发挥榜样示范作用，配合防控举措，在力所能及的小事中展现当代大学生的精神风貌和综合素养；应该对未来充满希望，对国家充满信心。

（二）围绕抗击疫情突出重点内容

抗击疫情赋予了家国情怀更丰富、突出、深刻而又真切的内容，因此，在引导大学生培育家国情怀的工作中，应重点突出以下几个内容：

1．在抗击疫情中树立保家卫国的必胜信念

灾难无常，在一次次的灾难中，中华民族总能以坚韧的毅力战胜灾难、生生不息。这种万众一心、保家卫国的必胜信念早已融入民族的血液之中，成为中华民族的优良传统。在抗疫中培育大学生的家国情怀，不仅要挖掘中华民族以及人类文明史上抗疫的感人事迹，了解一个民族是如何化危机为机遇的。面对来势汹汹的疫情时，引导大学生增强忧患意识，感受中华民族团结一致、万众一心的强大凝聚力，在中华民族伟大复兴进程中展现必胜的

信念，从而坚定自己的爱国主义信念，把自己的成长与民族的命运紧密结合在一起。

2. 培养在抗击疫情中攻坚克难的奋斗精神

抗击疫情就是战役，需要战略、战术、后勤保障等方面的协同支持，但最关键的是"战斗者"的英勇无畏、攻坚克难。在抗击疫情的过程中，党中央果断决策、各级政府快速反应，军队服从指挥，全国人民积极配合，各地医护人员迅速集结，深入开展疫情科研攻坚工作，紧急调配抗疫物资、有序开展复工复产工作，每个环节都彰显出中华民族在抗击人类共同灾难中的民族精神。在灾难面前，所谓的"大德"就是大仁、大智和大勇。这些抗击疫情的故事将载入人类文明史册，也将成为其他国家抗击疫情的榜样，更是激励中国青年的无形财富。

3. 在抗击疫情中培养无私奉献的品格

人类战胜灾难的过程往往能推动人类社会的发展，中华民族在这一过程中表现出了非凡的勇气和品格。从先秦以来，中华民族崇尚家国同构，"苟利国家生死以，岂因祸福避趋之""上下一心、爱国如家"，都深刻阐释了家国同构思想。要在抗疫中激发大学生的爱国热情，把家国情怀作为大学生品德修养的重要内容，在修身中弘扬中华民族传统美德。

（三）线上线下融合发展，注重形式创新

信息化时代，教育方式面临着重大变革和创新，线上线下的融合成为大趋势。在抗疫中培育大学生家国情怀，要跨越时空界限，整合线上线下的资源，实现教育方式的创新。

1. 融合线上优势，实现教育方式的创新

线上教育具有在时间上快速便捷、空间上不受限制、形式上丰富多样、

内容上满足个性化需求的优势，是抗疫中培育大学生家国情怀的主要形式。针对大学生群体的特点，在培育大学生家国情怀时，应重点优化网络平台，实现创新教育方式的创新，主要可以从以下几个方面着手。首先是整合各类网络平台，包括学校网站、微信、微博、QQ 等平台，结合学校的实际情况，构建新媒体矩阵。其次是引导大学生理性对待各类媒体信息。微信公众号等已成为人们日常碎片化阅读的主要形式，应倡导大学生关注主流媒体微信公众号。主流媒体对抗疫的报道全方位地反映了抗疫的最新进展，解答了人民关心的问题，展现了民族精神，可以增强大学生的责任担当意识；同时，也要引导大学生理性对待来自微信公众号、抖音、微博等自媒体的观点，警惕一些偏激观点的蛊惑，辨明一些看似"眼见为实"的短视频的实质，避开一些片面追求"点击量"的媒体的误导。再次是引导大学生学好家国情怀的"云课程"，思想政治教育的重要目标之一是筑牢大学生的家国情怀。现如今"全国共上一堂课"成为现实，高校应在大学生群体中普及推广云端思想政治课堂，在权威专家的深刻解读中、在一线医务人员的细致讲解中、在疫区同胞亲身经历的讲述中感受家国情怀。最后，要积极鼓励大学生围绕家国情怀开展网络文化传播活动。大学生可以通过创作共克时艰、感悟家国情怀主题的诗文、绘画、书法、歌曲、短视频等，陶冶情操，在线上进行广泛传播，汇聚成正能量，激励全国人民战胜疫情。

2. 立足线下实践，积极投身疫情防控工作中

在抗击疫情中，身处祖国四面八方的大学生可以跨越时空界限，感受伟大的爱国主义精神。大学生可以在做好自我防护的同时，结合所处城乡特点、疫情防控形势，积极投入到疫情防控中去；可以在"宅"家过程中，主动承担力所能及的家务，体验劳动的快乐；可以深入了解族谱、家风、家训，了

解家族的发展历史；可以深入了解本地历史和传统习俗；深入社区，积极配合当地政府，争当抗疫一线的志愿者；可以主动投入为抗疫医务人员子女提供家庭辅导等实践之中。

（四）整合多方资源构建教育合力

在抗击疫情中构筑大学生的家国情怀，面临无法集中线下教学导致力量分散的挑战，从而影响教育合力。高校要重点关注整合教育力量，优化教育资源，推动家国情怀在大学生心里落地生根。

以教育部门为主的各级政府，应发挥主导作用。抗疫不停学，教育主管部门要结合疫情防控形势，适时出台相关主题教育方案，统筹规划、切实加强包括大学生在内的学生群体的家国情怀教育。政府部门还要加强对媒体的监管、对内容的审核，构建风清气正的网络环境。高校是大学生思想政治教育的主要实施者，应通过便捷的网络平台、移动应用，建立家校、师生的高效沟通平台，准确掌握学生身体健康状况，解决学生的实际困难；还要通过网络开展经典分享、主题创作等教育内容，激发大学生的家国情怀。社会支持是构筑家国情怀的重要力量。社会各方应主动担责、广泛动员，共同营造万众一心抗击疫情的良好氛围，为培育大学生家国情怀提供良好的社会环境；要根据实际抗疫需求，结合大学生特点，让大学生参与到抗疫的各个领域、环节中去。学校应包容引导，让大学生在抗疫实践中长才干、受教育、筑牢家国情怀。良好的家庭教育是培育家国情怀的重要基础。应让家长的言传身教和良好的家风成为大学生成材道路上的重要精神财富。

第三节　家国情怀与大学生文化自信

　　培养大学生文化自信是高校开展家国情怀培育工作的必然要求，更是实现中华民族伟大复兴的现实需要。在培养当代大学生文化自信的过程中主要存在西方意识形态的干扰和高校势单力薄两个难题。家国情怀是增强中华民族文化认同的重要因素。汲取主流文化精髓，发挥社会主义核心价值观的引领作用，掌握网络话语权是提高新时代大学生文化自信的主要途径。

　　目前，经济全球化使得国际合作日益密切，国家之间的竞争日趋激烈。家国情怀贯穿于中华民族文明发展进程中，是中华民族独特的道德追求和文化素养。

一、家国情怀的传统内涵和价值

　　家国情怀是某个个体或群体对家庭、社会以及国家的情感认同，从而自觉承担起相应的责任的一种情感。它以"家国同构"为逻辑基础，以"忠孝一体"为价值凝练，以"经邦济世"为社会实践方式，追求"天下太平"的价值取向。事实上，家国情怀一直根植于中华民族文化的血脉，有着深厚的历史底蕴。

　　家国情怀来源于"家国同构"思想，最早可追溯至西周宗法制时期，奉周王为"共主"的"家国同治"的政治模式与社会管理模式。沿袭至今，形成了区别于西方的独特社会意识——家国情怀。但家国情怀的内涵并不是一成不变的，不同时代为赋予了家国情怀不同的内涵。

　　在传统社会中，家国情怀不单是国家的政治理念，也是士大夫们对"修身、齐家、治国、平天下"的价值追求。在新的时代背景下，家国情怀体现在继承和弘扬传统文化中。家国情怀的培育有利于中国特色社会主义思想道德建设。虽然不同历史时期家国情怀的内容有所不同，但出发点都是个体对自身身份的认同，对民族和国家的热爱，对民族文化的自信，以及对维护国家尊严、实现中华民族伟大复兴的责任担当意识。

西方某些排斥中国意识形态的势力一直把我国的发展视为对西方价值观和制度模式的威胁，一刻也没有停止对我国意识形态的渗透。而家国情怀中所蕴含的个体或群体在明确自己身份归属后所引申出来的，对家庭、对国家的深厚情感，包含个人利益与国家利益之间的取舍，以及自发地做出符合社会主义核心价值观的行为，在一定程度上能够为大学生理性辨别各种社会思潮和社会现象提供判断依据。

二、以家国情怀提升文化自信

道家文化和儒家文化，共同构成了中国主流文化。道家的身国同治论蕴含着一定的家国观念。从《道德经》的"贵以身为天下，若可寄天下；爱以身为天下，若可托天下"中可以看出，道家主张天下应托付给爱自己、保护自己的人，强调个人修养与国家担当的必然联系，是立足个人层面的家国情怀。而儒家文化超越个人，是家国情怀在个人、社会、国家三方面的高度统一。

家国情怀是影响文化认同的重要因素。文化认同是人们在一个民族共同体中长期共同生活中形成的对本民族文化的认同。它借助人们共同的历史记忆、文化传统，以及对文化产品的认知，保持国家主体的凝聚力。家国情怀蕴含的基于家、国的归属感和深厚的感情，能够为个体提供建构国家认同最基本的文化心理背景，激发出个体对国家历史与传统文化的认同感，进而转化成对中华民族的文化认同和共同的价值观。因此，家国情怀能够在增强文化认同的过程中提升文化自信。

三、以家国情怀摆脱新时代大学生文化自信的困境

（一）"意识形态陷阱"影响家国情怀的培育

一方面，一些与中国主流意识不同的西方国家，利用自身雄厚的政治、经济实力，宣扬历史虚无主义，通过影视剧、文化报刊、新媒体等以幽默化的形式"唱衰"我国的传统文化，勾勒出一幅社会主义生活不如资本主义生活的印象，企图达到让社会主义国家人民主动放弃社会主义、自愿追随资本主义的目的；另一方面，西方利用高校大学生社会经验不足的特点，将少数存在的社会问题包装成普遍存在的集体矛盾。

（二）在家国情怀培育工作中高校势单力薄

在新的时代背景下，高校家国情怀教育工作面临着教学难度大和互联网新技术的冲击这两个问题。从高校自身来看，理论为主的思想政治教育课程容易导致学生学习的功利性倾向。大学生在教育过程中处于被动地位，易出现逃课、凭借机械背书的方法应付相关考试等现象。此外，个别教育者的全局意识模糊，只关注科研成果、升学率等硬性指标，不够重视家国情怀的教育活动，出现教育者责任弱化的现象。这些问题严重影响爱国主义教育的效果，为家国情怀培育工作带来了巨大挑战。

新的时代背景下，互联网技术不断成熟，进一步加强了信息传播的自发性趋势，进一步拓展了去中心化的信息传播、交互方式的传播场域。高校大学生获取信息的途径不再局限于学校、家庭，自主选择阅读第一手媒体资料成为现今大学生增加知识量的重要途径之一。一些落后、腐朽的文化和过激

的思想趁机涌入大学校园，严重影响了部分不具备良好的文化判断力的学生，增加了高校推行家国情怀工作的难度。

四、以家国情怀培养新时代大学生文化自信的基本思路

新的时代背景下，从家国情怀出发，汲取中国主流文化精髓是增强文化自信的第一步。经典书籍汇集了中国优秀传统文化中家国情怀的思想内涵，高校应该运用好课堂主渠道，以阅读书籍为基础，将中国优秀传统文化贯穿其中。通过梳理革命文化的历史脉络，让大学生学习先辈们的爱国之情和忧患意识，激发大学生的爱国热情。

培育新时代大学生自觉践行社会主义核心价值观是增强大学生文化自信的第二步。高校应引导大学生将个人事业与国家事业紧密相连，真正将爱国、爱家践行到生活中。在这一过程中，教师应帮助大学生及时进行反思，培养他们的社会责任感和集体主义观念，把大学生培养为有理想、有本领、有担当的时代新人。教师应让大学生学会面对现实，通过践行社会主义核心价值观，感知社会责任意识。大学生应该尽可能地参与到社会实践活动和社会公益性志愿服务活动中，在实践中了解自己应承担的社会责任，并用实际提高个人的能力，增强责任担当意识。

在互联网技术不断成熟的今天，牢牢抓住网络意识形态的主导权，创建一套基于网络模式的运行机制则为第三步。一方面，要巩固以党为核心的政治大局，加强党组织在意识形态领域的管理权。通过完善党委统一领导、党政分工、职能部门之间相互协作的机制，落实党和国家的监督体系，强化对权力运行的监督；另一方面，要构建绿色、安全的网络环境。广泛运用官方

网络平台发布有关大学生家国情怀教育的内容，提高传播内容的权威性和影响力；要根据时代的变化、社会心理的变化、话语受众群特点的变化，科学地调整话语的内容，将中国特色社会主义文化融入网络中。

第四节　大学生家国情怀培育的机制

一、建立健全有效的家国情怀教育领导保障机制

建立健全有效的家国情怀教育领导保障机制，是从制度和宏观角度上把握家国情怀教育的重要地位，并对家国情怀教育的开展做出宏观指导和调控的领导方式。制度建设具有根本性、全局性、稳定性和长期性等特点，是高校家国情怀教育系统中非常关键的一个环节。其运行管理是否得当，对高校家国情怀教育的实施效果起着决定性的作用。高校应明确校院两级党委的领导责任，发挥校院两级党委的领导作用，建立健全岗位责任制。高校党委要加强统一领导，领导班子成员要达成共识。校党委书记、校长亲自抓，把握全局，制定高校长期发展家国情怀教育的任务；校党委副书记、副校长重点抓，负责分管家国情怀教育各类事宜，把家国情怀教育的目标任务分工落实到科研、组织、宣传、教务、后勤等部门，落实到各学院、教研室等教学单位，落实到团委、学生会、研究生会、班级、社团等，要求他们认真履行职责，共同完成工作，通过工作联动，形成高校各方齐抓共管的良好工作局面。各级领导要发挥资源渠道丰富、决策能力强等领导优势，保证各项工作得以顺利开展，并通过各种方式在校内大力宣扬家国情怀教育，使高校全体师生重视家国情怀教育工作，并积极开展各项活动。

二、形成协同创新型家国情怀的教育机制

高校开展教育的最终目标是立德树人。完善大学生思想政治教育体系，将家国情怀教育纳入其中，落实到具体工作之中，是当前高校应重点关注的工作任务。除了要充分发挥好课堂教学的主阵地、主渠道作用，高校还应努力协调校内的科研、组织、宣传、管理、后勤等各部门的工作，形成合力育人体系，相互配合、相互协作，为大学生提供一个良好的思想政治教育大环境。同时，要打通线上线下平台、联结校内校外力量，整合利用线上线下、校内校外资源，家校之间密切联系，形成合力育人共同体。青少年阶段是人生的"拔节孕穗期"，需要细心地引导和培育。推动高校思想政治教育体系建设，能让家国情怀在大学生心中牢牢扎根，从而使大学生成长为德智体美劳全面发展的社会主义事业建设者和接班人。

参考文献

[1]杨清虎.家国情怀的内涵与现代价值[J].兵团党校学报,2016(3).

[2]王莉华.家国情怀内涵及其特征分析[J].芒种,2017(551).

[3]王莉华.近二十年"家国情怀"研究综述[J].课程教育研究,2017(33).

[4]贾付强,赵春风.论"家国情怀"的当代价值及其教育[J].华北电力大学学报(社会科学版),2016(5).

[5]曹清.培育大学生家国情怀的意义及路径探究[J].思想政治工作研究,2018(2).

[6]刘丽.大学生家国情怀教育的路径探析[J].福建省社会主义学院学报,2017(3).

[7]刘丽.论家国情怀对增强大学生国家认同的价值[J].中共太原市委党校学报,2016(6).

[8]刘帆,陈敏.大学生家国情怀的现状及其对策[J].青年文学家,2015(6).

[9]林建华.家国情怀与民族凝聚力[J].福建省社会主义学院学报,2006(4).

[10]马振清.当前爱国主义被赋予什么样的时代内涵[J].人民论坛,2019(16).

[11]李乐.马克思主义经典作家关于爱国主义的思想探析[J].云南行政学院学报,2013(1).

[12]刘龙伏.马克思主义经典作家论爱国主义[J].江汉论坛,1996(12).

[13]张素蓉,张明秀.论当代大学生的国家认同教育[J].教育评论,2013(2).

[14]拓宏伟,刘浩弘.试论多元文化思潮及大学生思想政治教育[J].教育与职业,2006(17).

[15]邓丽芳,傅星雅,裴蓓.多元文化思潮对新生代大学生思维方式影响的时政研究

[J].教育研究与实验,2015(3).

[16]王丽荣,杨玢.式微与固基:传统文化现代传承路径考量[J].广西社会科学,2015(8).

[17]刘应君.家国情怀教育融入高校思政教学的价值与路径[J].湖南广播电视大学学报,2015(3).

[18]刑大海.家国情怀教育融入高校思政教学的途径分析[J].中国校外教育,2017(12).

[19]刘永芳,龚放.创业型大学的生成机、价值重构与途径选择[J].高等教育研究,2012(10).

[20]张斌,段周燕.家国情怀的当代培育[J].江苏理工学院学报,2015(3).

[21]禚明亮.学术界"家国情怀"研究述评——兼论对"家国情怀"研究的几点建议[J].高校社科动态,2015(1).

[22]杨向荣,薛诚.当代大学生核心价值观研究[J].学校党建与思想教育,2014(4).

[23]谢文芳.地方高校中华优秀传统文化教育的困境和优化策略[J].学校党建与思想教育,2018(2).

[24]张春梅,陈佳.对大学生民族精神培育现状的思考[J].学校党建与思想教育,2015(9).

[25]徐秉国.论大学生民族精神的培育[J].学校党建与思想教育,2003(2).

[26]张桦.优秀传统文化传承视角下大学生爱国主义教育路径探析[J].汉字文化,2018(23).

[27]辜巧玲.家国情怀教育融入高校校园文化品牌建设的有效途径探析[J].长沙教育学院学报,2018(10).

[28]相海燕.论当代大学生家国情怀的培育[J].湖北函授大学学报,2017(22).

[29]钟立明.关于实施大学生家国情怀教育的思考[J].高教论坛,2014(5).

[30]谭刚.紧扣思想政治核心素养探索家国情怀培育路径[J].中学政治教学参考,

2018(9).

[31]林永彪.要理直气壮加强"家国情怀"核心素养教育——浅谈如何在高中思想政治课教学中加强"家国情怀"教育[J].教育现代化,2017(14).

[32]郭春雨,张永.培养家国情怀养正人格品行[J].学生发展指导,2016(2).

[33]许纪霖.现代中国的家国天下与自我认同[J].复旦学报,2015(5).

[34]刘紫春.家国情怀的传承与重构[J].江西社会科学,2015(7).

[35]舒敏华."家国同构"观念的形成、实质及其影响[J].北华大学学报,2003(2).